名师名校名校长

凝聚名师共识
回应名师关怀
打造名师品牌
培育名师群体

学科素养教育在课堂教学中的探索与实践

吴运辉　余兆奎 / 主编

北京出版集团
北京教育出版社

图书在版编目（CIP）数据

学科素养教育在课堂教学中的探索与实践 / 吴运辉，
余兆奎主编. -- 北京：北京教育出版社，2024. 6.
ISBN 978-7-5704-6697-9

Ⅰ. G632.421

中国国家版本馆CIP数据核字第2024DE4415号

学科素养教育在课堂教学中的探索与实践

吴运辉　余兆奎　主编

＊

北 京 出 版 集 团
北 京 教 育 出 版 社　出版

（北京北三环中路6号）

邮政编码：100120

网址：www.bph.com.cn

京版北教文化传媒股份有限公司总发行

全国各地书店经销

河北宝昌佳彩印刷有限公司印刷

＊

710 mm×1 000 mm　16开本　15.5印张　261千字
2024 年 6 月第 1 版　2024 年 6 月第 1 次印刷
ISBN 978-7-5704-6697-9

定价：58.00 元

质量监督电话：（010）58572525　58572393

编 委 会

前　言

　　新课标强调学科素养是现代社会每一个人应该具备的基本素养。学科教育承载着落实立德树人根本任务、发展素质教育的功能。

　　高中课程以学生发展为本，旨在落实立德树人根本任务，培育创新意识，提升学科核心素养。教学以发展学生学科核心素养为导向，创设合适的教学情境，启发学生思考，引导学生把握教学内容的本质。

　　创新是人的本质特征。创新教育中的"创新"，是指通过对学生施以教育和影响，使其作为独立的个体，充分发挥其主观能动性，能够善于发现和认识有意义的新知识、新思想、新事物、新方法。它的最终目标是培养高素质的创新人才。关注学生的可持续发展，培养学生的创新精神和实践能力，已成为课程改革的重点。更新教育教学观念，改革课堂教学方法，已成为大家的共识。新一轮的课程改革，是以全面推进素质教育、发展学生核心素养为教育宗旨的，这需要教师转变观念，解放思想；需要改变学生的学习方式；需要淡化学科界限；需要自主选择合适的教育载体，为学生的发展和未来服务，为学生的终身学习服务。创新精神和实践能力的培养过程，对于中小学生的成长来说，本身就是一个社会化的过程，也是素质教育的一个重要的实施过程。

　　我国正处于实现中华民族伟大复兴的关键时期。当前，在价值观主题上，创新人才自我价值实现意识普遍增强，为了使自己能够适应日益激烈的竞争环境，许多人都把目光放在全面提高自身素质和深挖自身潜能上。然而，他们一方面受中国传统价值理念的影响，另一方面在改革开放中受到西方自由主义、消费主义等的影响，其价值观的判断与选择表现出混乱和迷茫，实际行动过于盲从或与他们的价值理念并不一致。创新人才的这一特点尤为明显，他们既易于接受新生事物和思想，又具有开拓的能力。当面对现实问题需要做出价值判断和选择时，他们却缺乏稳定的价值观支持，更多的是从个人的情感和自身利益的角度做出选择，表现出个人本位、追求实用的倾向。创新人才的价值观表现出了拼搏进取的一面，同时也有明显的困惑和矛盾性。因此，对拔尖创新人才的价值观培养和塑造已经成为创新人才培养的当务之急。长期以来，受应试教育影响，"重智轻德"现象在基础教育阶段成为不争的事实。近年来，学校普遍重视青少年创新实践能力的培养，而对青少年创新人才核心价值观的塑造，是深入推进青少年创新人才培养面临的重要课题。

工作室以打造"自主、自信、激情"幸福课堂的教学模式为载体，整合现有资源，激发学生的科学探究兴趣，培养其科学素养，使他们逐步养成探索科学、热爱科学的精神，促进青少年创新人才健康茁壮成长，为进一步深入推进青少年创新人才的培养奠定坚实的基础。

经过精心挑选、科学整合和系统编排，现将教师的45篇教学论文、教学设计、教学案例结集出版。出版此专著，既是对前一阶段教师探索新的教学模式的系统整理，又是对"幸福课堂"研究与实践的全面总结；既是本人以及广东省吴运辉工作室课堂教学改革的展示和汇报，也是基于学科核心素养教育在课堂教学中的探索与实践对下一阶段工作的指导。

本书的编写得到了大埔县田家炳实验中学的领导和老师的支持，特别是语文、数学、物理、化学、信息科组和名师工作室的老师提供了稿件，在此表示感谢！由于时间仓促，水平有限，书中难免有不足，敬请读者批评指正。

目 录

上篇　教学理论

下篇　实践应用

上篇

教学理论

学科素养教育给课堂教学注入了生机，使课堂迎来了一个崭新的时代。我们的教学不再是仅仅让学生学到知识，更重要的是让他们学会思考，学会生存，学会做人，学会生活，学会创造，为他们的全面发展着想，为国家着想，为中华民族的伟大振兴着想，这才是我们教育教学的方向。愿所有的教师都能全面落实素质教育，以提高课堂教学质量为己任，共同铸就教学辉煌的明天。

核心素养导向下小学数学单元整体教学的实践与思考

广东省梅州市大埔县大埔小学　罗文兰

《义务教育课程方案（2022 年版）》和《义务教育数学课程标准（2022 年版)》的颁布和实施，带来了数学课程的改革，新课标提出了单元整体教学设计的教学建议。

单元整体教学是新课程标准明确提出的改革热点，是促进学生核心素养发展的重要载体，是新时代教育改革发展的方向。为切实推进数学学科单元整体教学，进一步提升教师整体把握教材的能力，提高课堂教学实效，促进学生核心素养的落实，下面我将结合具体教学所进行的一些研究探索，谈一谈小学数学单元整体教学的一些思考。

一、单元整体教学的理论依据

小学数学核心素养导向下的单元整体教学是指在教学过程中，以培养学生的核心素养为目标，通过整合和组织知识内容，设计一系列有机衔接的教学活动，以提升学生的数学思维能力、问题解决能力和数学应用能力。

笔者研读 2022 年版新课标发现，单元整体教学设计的概念贯穿始终。新课标在课程内容组织中提出"重点是对内容进行结构化整合，探索发展学生核心素养的路径"；在"课程实施"中明确指出"改变过去注重以课时为单位的教学设计，推进单元整体教学设计，体现数学知识之间的内在逻辑关系，以及学习内容与核心素养表现的关联"。新课标对义务教育阶段各学段各领域的学习主题也进行了结构化调整，例如，将"数与代数"领域在小学阶段的六个学习主题整合为"数与运算"与"数量关系"两个学习主题；将"图形与几何"领域原有的四个学习主题修订整合为"图形的认识与测量"与"图形的位置与运动"两个主题等。四大领域下的主题调整，为实施基于主题的单元整体教学提供了结构性支撑，突出了核心素养导向下内容的整合与综合。以内容的结构化驱动学习的序列化、综合化，满足不同学生的内在需求与个性化发展，帮助学生在数学课程学习中促进核心素养的达成。

二、小学数学进行单元整体教学设计的意义

（一）整体感知数学知识的内在联系

小学数学单元整体教学将零散的数学知识进行整合，将教材中的知识点、例题、练习题等元素有机地串联起来，形成一系列数学学习活动。这种教学方式能够引导学生从整体上感知数学知识的内在联系，加深对数学知识的理解和掌握，提高数学素养和教学质量。

（二）培养学生的数学思维能力和创新能力

小学数学单元整体教学注重学生的自主学习和思考，通过引导学生自主探究、自主发现、自主应用，培养学生的数学思维能力和创新能力。同时，这种教学方式也注重学生的个性化学习，能够满足不同学生的学习需求，提高学生的学习积极性和自信心。

（三）提高教学效率和质量

小学数学单元整体教学通过对教材、教学内容、教学目标的整体规划，能够将数学知识重组整合、拓展，形成完整的知识体系。小学数学单元整体设计并不是将知识内容简单整合，而是以更高的眼光看待课程内容，将数学知识结构转化为学生的认知结构，打通知识之间的联系，建立以知识为单元、以素养为导向的教与学共同体。这种教学方式能够减少重复性劳动，提高教学效率，同时能够使学生更加深入地理解和掌握数学知识。

三、小学数学单元整体教学的策略

（一）以教材为基础，深入研读教材

小学数学单元整体教学首先要求教师以教材为基础，深入研读教材，了解每个单元的内容和目标，明确每个知识点之间的内在联系。同时，教师还需要根据学生的实际情况和学科特点，形成适合学生学习的教学内容。例如，"圆柱

与圆锥"这一单元的完整教学历程，从起始课"圆柱和圆锥的认识"，到探究课"圆柱的表面积""圆柱的体积""圆锥的体积"，再到单元整理课，每一课都是在一个大单元框架下建构学习内容，从更宏观、更高远的目标设计出发，立足学生实际，借助整体任务驱动学生自主学习，使思维发展走向深入。本单元教学创设丰富的数学活动，让学生经历知识的生成过程，渗透转化和极限等数学思想和方法，可促进学生推理意识、模型意识、应用意识等数学核心素养的发展。

（二）以学生为主体，引导学生自主探究

小学数学单元整体教学，教师可以通过设置问题情境、提供学习资源、组织合作学习等方式，引导学生积极参与学习活动，发挥学生的主体作用。同时，教师还需要关注学生的学习进度和个性化需求，及时给予指导和帮助。例如，在教学"三位数乘两位数的计算方法"时，可以设置问题情境：我国发射的第一颗人造卫星绕地球一圈需要114分钟，那么绕28圈要多少时间？借助这个问题情境，激发学生的学习兴趣和探究欲望，教学时先让学生估一估，鼓励学生从多个角度进行估算，引导学生体会估算要符合接近、好算的原则。然后算一算绕地球28圈需要多少时间时，在学生已经学习了两位数乘两位数的基础上，可放手让学生通过自主探究、小组合作交流，探索三位数乘两位数的计算方法，引导学生厘清每一步的算理。该教学通过计算方法的对比，既培养了学生的数感，又渗透了转化和优化的数学思想。

（三）以教学目标为导向，注重教、学、评的一致性

在单元整体教学设计中教师要综合分析课程、教材、学生等要素，确定合理、清晰的学习目标；并以学习目标为归宿，设计与目标相匹配的评价；将目标转变为合理的、与学生学习经验相对接的学习活动，为学生提供序列化的学习体验，在此基础上再去制订基于核心素养的单元目标、学习活动、评价量表。同时，教师要注重教学过程中的引导和反馈，保障教、学、评的一致性。

（四）设计有效活动，培养学生数学核心素养

单元整体教学如何培养学生的数学核心素养？课堂教学设计一般有以下流程：设计情境、提出问题、组织探究、合作交流、抽象概括、巩固练习和反馈修正。设计情境、提出问题是重点，组织探究、合作交流是关键。前两个环节侧重于教师的"教"，即教师对课堂教学的一种预设，而后两个环节则侧重于学生的"学"，即学生在课堂上主动探究学习，与同伴、与教师充分互动。在课堂上，"教"和"学"的有效互动，能促进学生深入地体验、创造性地思考，

能帮助学生不断完善认知结构，发展学生的数学思维能力，落实学生的数感、运算能力、推理意识、空间观念等核心素养的培养。

综上所述，指向学科素养的单元整体教学是学科教育落实立德树人、发展素质教育、深化课程改革的必然要求，也是学科落实核心素养的关键路径。每堂课教师都应创设丰富的数学活动，促进学生推理意识、模型意识、应用意识等数学核心素养的发展。核心素养导向下的单元整体教学设计是当前教师面临的一个新的挑战，还需要我们不断尝试、不断探索研究适合学生学情的设计，唯有这样才能让核心素养真正地在课堂落地。

学科素养在初中数学课堂教学中的探索与实践

广东省梅州市大埔县田家炳实验中学　曾裕飞

笔者在这几年的工作中发现，很多教师还在坚持应试教育的教学方式，究其根本是没有做到与时俱进。基于此，《义务教育数学课程标准（2022年版）》的发布，对于研究初中数学课堂中如何培养学生学科核心素养具有较高的价值。

一、核心素养下初中数学课前预习的有效途径

初中数学知识和小学相比较难度有所上升，且知识的综合性较强，学科核心素养的要求更高，这些都增加了教师的课堂教学难度。为此，越来越多的教师开始注重学生的课前预习，而丰富的课前预习途径，为培养学生的学科核心素养提供了更多的渠道。例如："轴对称现象"这部分内容教学之前，教师就布置了预习作业。在备课过程中，教师对这部分知识进行了综合分析，结果发现，其实在我们的生活中，轴对称现象也是比较常见的，这些都可以为学生的预习提供思路。为此，教师可以布置生活观察作业：用数学的眼光观察现实世界，找一找我们周围存在哪些轴对称现象，探索这些轴对称现象的共同特征。这个过程，让学生逐渐形成空间观念和应用意识等核心素养。再如，"认识二元一次方程组"的教学之前，教师可以布置小组合作建模的生活题。鼓励数学小组走进生活中的超市、菜市场或其他商店，根据购买商品的总价和质量，建立二元一次方程组等方程模型，让学生逐渐形成方程模型观念和应用意识。应用信息技术拓宽学生课前预习的广度，教师可以采用制作微课视频的方式引导学生预习，比如，在微课视频中穿插思维导图，为学生罗列该课的重点和难点知

识，使学生在教师的思维导图提醒下，顺利完成预习。除此之外，教师还可以在微课视频中设计几道简单的例题，方便学生检测自己的预习效果，如果学生做错了，则视频会自动跳入解析环节。信息技术的应用既可以提升学生学习数学的兴趣，还可以培养学生的推理能力等核心素养。

二、核心素养下初中数学课堂中的有效策略

（一）创设情境，激发学生学习数学的兴趣

教师在教学过程中，要想获得良好的教学效果，真正培养学生的核心素养，首先就要激发学生的学习热情，让学生积极主动地参与到各项教学活动中，为学生创设良好的学习氛围。在实际教学中，大多数学生都处于被动状态，再加上教师在教学过程中没有采用新颖的教学方式，无法吸引学生的注意力、激发学生学习兴趣，影响教学效果，阻碍学生核心素养的形成。因此，教师在教学过程中，应该通过创设各式各样的情境，激发学生兴趣，让学生跟着教师的思维走，师生进行良好互动，渲染课堂气氛，这样有助于培养学生的核心素养。

例如，"平行四边形的性质"的概念学习中，教师可以创设富有生活性的情境，先用多媒体展示生活中外形是平行四边形的一些实物，再让学生畅所欲言，说出自己熟悉的生活中的平行四边形，课堂上学习数学的氛围一下子就调动起来了。生活情境的创设，可以使枯燥的几何图形变得鲜活生动，拉近数学与生活的距离，培养学生的几何直观和空间观念等核心素养。又如，在"平行四边形的对称性"的学习中，教师可以创设实验式情境，让学生先在准备好的平行四边形纸上画出对角线，然后沿对角线对折，观察对折后的四边形。学生通过动手操作，更深刻地认识了平行四边形的对称性。实验式情境能够很好地培养学生的动手能力和解决问题的能力，让学生实现全面的发展。

（二）创设任务问题探究模式，提高学生的合作创新能力

初中数学教师需要正确对待小组合作学习模式，小组合作是培养学生思维方式和情感意识的有效手段。小组合作学习中互相配合的过程会调动学生的学习积极性和思维逻辑能力，加强学生团队合作的意识。而创设任务问题探究模式，可以全面提高学生的核心素养。例如，在学习平行四边形对边相等、对角相等知识时，可以让学生分组完成以下活动：拿出工具将准备好的平行四边形沿着其中一条对角线剪开，可以得到两个三角形，再把其中一个三角形旋转后跟另一个三角形重叠。完成活动后，教师应适时提出任务问题，如，观察重叠后的三角形，它们完全重合吗？由此你能得到哪些结论？学生通过小组合作都

能够初步感知平行四边形的对边和对角相等的性质。这时教师应紧接着抛出第二个任务问题：同学们，刚刚是通过动手操作发现平行四边形的对边和对角相等，那么现在能不能通过小组合作，用数学方法逻辑推理证明上述的结论呢？整个教学环节通过递进的任务问题，引导学生由浅至深，一步一步地完成各个学习环节，这种任务问题探究模式锻炼了学生的动手能力、直观想象能力、数学分析能力和合作创新能力。

三、核心素养下的课后作业生活化

家庭作业是学生在完成一天的学习任务后，需要在家庭环境下完成的学习任务，教师除了要布置适当的书面作业，还需要适当地布置一些生活化的作业，提高学生的核心素养。例如，在学完"丰富的图形世界"这一章节后，教师可以布置一些生活化的作业：①你喜欢哪些几何体？举出一个生活中的物体，使它尽可能多地包含不同的几何体。②用自己的语言说一说周围的建筑有哪些你熟悉的图形。③生活中有哪些常见物体可以由平面图形旋转得到？这些生活化的课后作业，可以充分地锻炼学生的几何直观、空间观念和应用意识等核心素养。

四、结束语

综上所述，核心素养是学生必须具备的，对促进学生的全面发展具有重要的意义。因此，在初中数学课堂教学中，教师应从课前、课中、课后三大方面详细制订各种有效策略，促进学生初中数学核心素养的发展。

参考文献

[1] 甘宏. 初中数学课堂中学生核心素养的培养途径探析 [J]. 学苑教育，2022（1）：42-43.

[2] 葛建新. 小组合作构建初中数学自主探究课堂的思考 [J]. 数学学习与研究，2021（14）：12-3.

在初中物理教学实践中落实
核心素养的几点尝试

广东省梅州市大埔县田家炳实验中学　邹春玲

传统的教学以教师为主导，学生只是被动地接受知识，缺乏思考和探究的机会，这对提升学生的学习能力不利。在这样的模式下，学生更注重记忆而非理解，忽略了对知识的理解和运用，易出现不能灵活运用知识的问题，对提升学生的实践素养与思维能力是不利的。传统的教学模式还缺少实践环节，学生更多的是在教室里接受知识、发展能力，这严重影响了学生对物理知识的具体理解和体验。若学生缺少实践探索的机会，他们就没有机会创新和探究。因此，教师要开创多样化的物理教学实践，使核心素养的理念得以在课堂落地。

一、设置生活情境，引导学生提出问题

教师在开展物理教学的过程中，要引导学生主动地学习，提升他们的核心素养。传统的物理教学多以教师的提问为主，学生往往被动地学习，教师可改变教学的方式，引导学生主动学习。教师设置生活情境，更容易将学生引入真实的情境中，进而激发学生提问的欲望。

在学习"浮力与压强"的相关知识时，教师创设了一组与生活相关的场景，学生从视频中能看到正常成年人的脉搏跳动、水面上的乒乓球、初二的物理课本、正常成年人站立的样子。教师说这些都是生活中的场景，看起来风马牛不相及，但是都可以与现在所学的内容连接起来，大家能不能就着这些画面提出一些问题。学生想到这样的一些问题：正常情况下，人的脉搏1min跳动的次数是多少？静止漂浮在水面上的乒乓球受到的浮力约为多少？初二物理课本

重约多少牛顿？对桌面的压强约为多少？正常成年人站立时和走路时，对地面的压强分别约为多少？基于这些问题，学生开展各自的探究，从而解决问题。

可以看出来，通过设置生活情境，教师引导学生提出问题，并结合相关实验和活动，让学生感受到物理知识的应用，可以培养学生的实践能力、创新能力和综合素质。显然，这样的教学方式也可以帮助学生理解和掌握物理知识，提高学习兴趣和主动性，实现教与学的双赢。因此，在教学中教师要将问题的创设、情境的设置、核心素养的发展融合起来，以给学生更适切的物理教育。

二、进行小组合作，引导学生探究问题

教师在开展物理教学的过程中，要引导学生自己解决问题，而不是越俎代庖地帮助学生完成相应的任务。也就是说，教师要在物理教学的过程中发挥学生的主体作用。教师可引导学生开展小组合作，让他们发挥自己的优势，进而提升探究能力。小组合作以学生的独立解题为主，教师更多的是观察学生的探究过程，给予他们更多的鼓励与即时的反馈。

教师创设这样的问题：鸡蛋放入盛水的杯中，鸡蛋沉在杯底，如图 1 所示，向杯中加盐，使鸡蛋慢慢上浮直至漂浮在液面上。在此过程中，你能不能描述鸡蛋受到的浮力的大小？

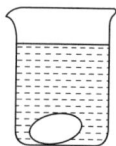

图 1

教师将学生分成不同的小组，小组按照教师的描述进行相关的实验，设置具体的实验方案，仔细分析鸡蛋慢慢运动的状况。做实验的过程就是一个合作与协同的过程。有组员发现鸡蛋在上浮的过程中，排开水的体积是不变的；也有组员发现他们向杯中加盐的时候，液体密度变大。由公式 $F_浮 = \rho_液 g V_排$，学生可得知，此过程浮力变大。当学生发现鸡蛋最后漂浮在液面上时，他们认为：此时浮力等于鸡蛋的重力，且此后不变。基于此，学生得出这样的结论：鸡蛋受到的浮力先由小变大，然后不变。

在合作中，对于不同的任务，教师可要求小组内的每个成员都担负起不同的责任，这能让他们感知团队协作的重要性，从而提高学生的人文素养。教师还可根据学生的实际情况，选取一些社会现象、实际问题或者前沿领域的发现，

让学生在小组内进行探究和研究，从而提高学生的科学素养、实践素养和创新素养。总之，教师要通过引导学生进行学科性的探究和合作，培养学生的团队协作能力、实践素养、创新素养和综合素质。

三、创设实践作业，引导学生在做中学

要落实核心素养，教师就需要改变传统的物理作业模式。作业的功能主要是两个方面，一是巩固认知，二是发展能力。当前的问题是教师设置的作业比较单调，往往以记忆类、机械训练类为主，学生在做作业时的主要收获就是巩固知识，但是学生的思维能力没有得到发展。教师可以改变作业的模式，设置实践类作业，让学生在做中学，在学中提升核心素养。

教师可设置这样的实践作业：能不能用实验证明浮力的方向竖直向上？教师没有让学生死记硬背教材中的结论，而是让他们在体验中理解，进一步提升学生的创造能力、实验能力。

在作业设置环节，教师可让学生自主选择实验主题并独立设计实验内容。核心素养的发展需要教师给学生提供更多的机会，给他们更大的舞台。学生可以在自己的家里或者学校实验室完成实验，通过探究和对实验结果的分析，他们能巩固认知、发展各方面的能力。因此，教师要多设置一些实验类作业以满足学生动手操作的愿望，也让他们在实践中探究和学习物理知识，培养实践能力、创新能力。

将核心素养的落实与初中物理的教学融合起来，能给学生更多成长的空间，能让学生展示更完美的自己。通过落实核心素养，教师可全面培养学生的科学素养、实践素养、创新素养、文化素养、语言素养、数学素养、思维素养和人文素养，进而帮助学生全面发展。在落实素养的过程中，教师通过探究和实验环节，能提高学生的探究精神和实践能力，使他们掌握科学思维方式和方法，培养解决实际问题的能力。这在某种程度上激发了学生的学习兴趣和动力，让学生感受到快乐和成就感，从而更加自觉地投入学习中。因此，教师要推动物理教育的改革和创新，将以讲授为主的教学变为以学生的实践探究为主，使学生获得全面的知识和技能，进而培养他们的创新思维，提升他们的实践能力，促进他们的核心素养发展。

参考文献

［1］顾萍．立足思维教学落实学科核心素养：初中物理"浮力"的教学实践与反思［J］．数理化解题研究，2023（11）：108－110．

［2］李超．基于化学学科核心素养的教学实践与反思：以"氧化还原反应（第一课时）"教学为例［J］．安徽教育科研，2021（18）：123－124，79．

［3］杭进华，黄晓琴．以学科核心素养为本的"教、学、评"一体化研究：以氧化还原反应为例［J］．实验教学与仪器，2020（6）：12－14．

高中

例谈数形结合思想在高一数学教学中的应用

广东省梅州市大埔县虎山中学　范宝锐

一、数形结合思想

数形结合是研究数学和数学教学中的重要思想之一，其解法跨越了数学各分科知识的界限。数形结合是沟通数形之间的联系，并通过这种联系所产生的感知或认知的作用，形成和谐完美的数学概念，寻找问题解决途径的一种有效方法。数形结合是直观与抽象、感知与思维的结合。

数形结合思想在中学数学教学中有着举足轻重的地位，它是联系代数和几何的桥梁，是建立空间想象力的纽带，是实际问题数学化的重要方法，是数学更好地服务于生活的具体化。数形结合思想采用了代数方法和几何方法最好的方面：几何图形形象直观，便于理解；代数方法的一般性，解题过程的程序化，可操作性强，数形结合思想是学好中学数学的重要思想方法。因此，应用数形结合思想是相当必要的。在人教版必修一中各个章节随处可寻数形结合的身影，无论是集合还是不等式、函数，都离不开抽象文字的高度概括与直观明了的几何理解，这种抽象与直观的变换统一，可以加深学生对数学概念的理解与体会，培养学生发散思维，从多个角度思考问题。

高一的新生，对高中阶段的数学学习是陌生的，他们要打破过往看似完整的知识结构体系，从新的角度扩大知识体系，那么数形结合是一种非常好的工具。数形结合在高一数学解题中有许多应用，大致可分为四类：解决集合问题，解决函数问题，解决方程与不等式问题，解决三角函数问题。数形结合思想已经变成了我们思考问题的一种习惯，比如我们想到一个角的度数为60°，脑海中反映的并不是这个数字，而是由一条射线绕端点逆时针旋转60°所到达位置的终边与始边围成的图像，这说明，数形结合思想已经深深地扎根在心灵的最深处。由此可见，数形结合思想不是多么遥不可及的理论，它早已是我们的"朋友"，用看待朋友的眼光去看待它，灵活地运用它，让我们变成数学学习的主人。

二、数形结合的应用

（一）解决集合问题

在集合运算中常借助数轴、Venn图来处理集合的交、并、补等运算。

例1：已知集合 $A = \{x \mid x < -1,$ 或 $x > 4\}$，$B = \{x \mid 2a \leq x \leq a+3\}$，若 $B \subseteq A$，求实数 a 的取值范围。

解：当 $B = \varnothing$ 时，只需 $2a > a+3$，即 $a > 3$；

当 $B \neq \varnothing$ 时，根据题意作出如图2所示的数轴，可得 $\begin{cases} a+3 \geq 2a, \\ a+3 < -1, \end{cases}$ 或

$\begin{cases} a+3 \geq 2a, \\ 2a > 4, \end{cases}$ 解得 $a < -4$，或 $2 < a \leq 3$.

综上可得，实数 a 的取值范围为 $\{a \mid a < -4,$ 或 $a > 2\}$.

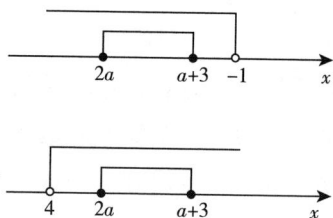

图2

例2：某班有学生55人，其中音乐爱好者34人，体育爱好者43人，还有4人既不爱好体育也不爱好音乐，则班级中既爱好体育又爱好音乐的有____人。

解析：设只爱好音乐的人数为 x，两者都爱好的人数为 y，只爱好体育的人数为 z，作Venn图如图3所示，则 $x+y+z = 55-4 = 51$，$x+y = 34$，$y+z = 43$，$y = (34+43) - 51 = 26$. 故答案为26.

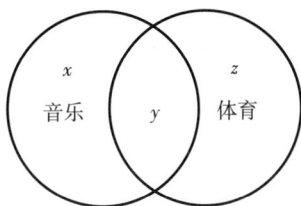

图3

（二）解决函数问题

函数问题一直是中学数学中比较难啃的知识点。借助于图像研究函数的性质是一种常用的方法，函数图像的几何特征与数量特征紧密结合，体现了数形结合的特征与方法。

例3：设奇函数 $f(x)$ 定义在 $(-\infty, 0) \cup (0, +\infty)$ 上，$f(x)$ 在 $(0, +\infty)$ 上为增函数，且 $f(1) = 0$，则不等式 $\dfrac{3f(x) - 2f(-x)}{5x} < 0$ 的解集是（　　）

A. $(-1, 0) \cup (1, +\infty)$ 　　　　B. $(-\infty, -1) \cup (0, 1)$

C. $(-\infty, -1) \cup (1, +\infty)$ 　　D. $(-1, 0) \cup (0, 1)$

解析：因为奇函数 $f(x)$ 定义在 $(-\infty, 0) \cup (0, +\infty)$ 上，在 $(0, +\infty)$ 上为增函数，且 $f(1) = 0$，所以函数 $f(x)$ 的图像关于原点对称，且在 $(-\infty, 0)$ 上也是增函数，过点 $(-1, 0)$，所以可将函数 $f(x)$ 的图像大致画出，如图4所示。

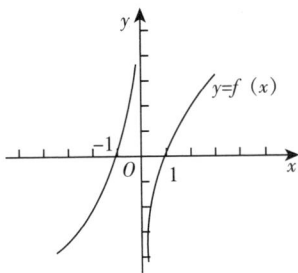

图4

因为 $f(-x) = -f(x)$，所以不等式 $\dfrac{3f(x) - 2f(-x)}{5x} < 0$ 可化为 $\dfrac{f(x)}{x} < 0$，即 $xf(x) < 0$，不等式的解集即为自变量与函数值异号的 x 的范围，根据图像可知 $x \in (-1, 0) \cup (0, 1)$。故选 D。

（三）解决方程与不等式的问题

处理方程问题时，把方程的根的问题看作两个函数图像的交点问题；处理不等式问题时，从题目的条件和结论出发，联系相关函数，着重分析其几何意义，从图形上找出解题的思路。

例 4：函数 $f(x) = x - \log_{\frac{1}{2}} x$ 的零点个数为（   ）

A. 0   B. 1   C. 2   D. 无数

解析：函数 $f(x) = x - \log_{\frac{1}{2}} x$ 的零点个数，就是函数 $y = x$ 与 $y = \log_{\frac{1}{2}} x$ 的图像的交点个数，如图 5 所示，可知两个函数的图像只有一个交点。

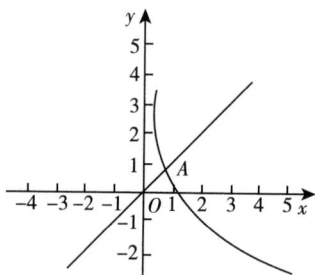

图 5

故函数 $f(x) = x - \log_{\frac{1}{2}} x$ 的零点个数为 1。故选 B。

例 5：已知函数 $f(x) = |x^2 - 2x - 3| - a$，求实数 a 取何值时函数 $f(x) = |x^2 - 2x - 3| - a$：①有两个零点；②有三个零点。

解：令 $h(x) = |x^2 - 2x - 3|$，$g(x) = a$，如图 6 所示，它们图像交点的个数即函数 $f(x) = |x^2 - 2x - 3| - a$ 的零点个数。

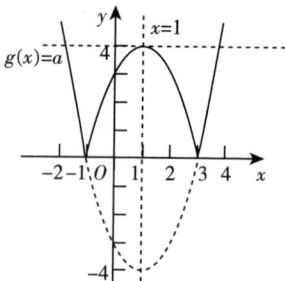

图 6

① $a = 0$ 或 $a > 4$ 时，函数有两个零点。

② $a = 4$ 时，函数有三个零点。

（四）解决三角函数问题

有关三角函数的一些特殊值的求法，一般借助于单位圆或三角函数图像来处理，通过一些简单的数据来想象函数图像的形状、位置、大小等。这样可以充分提高学生的想象力，培养他们的创新意识。

例 6：函数 $y = \sqrt{2\sin x - 1}$ 的定义域为 _____。

解析：由 $2\sin x - 1 \geqslant 0$ 得 $\sin x \geqslant \dfrac{1}{2}$，画出 $y = \sin x$ 的图像和直线 $y = \dfrac{1}{2}$。

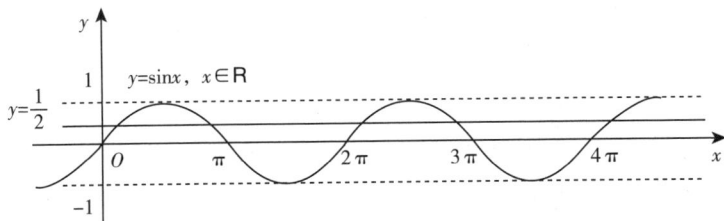

图 7

可知 $\sin x \geqslant \dfrac{1}{2}$ 的解集，即函数定义域为 $\left\{ x \mid \dfrac{\pi}{6} + 2k\pi \leqslant x \leqslant \dfrac{5\pi}{6} + 2k\pi,\ k \in \mathbf{Z} \right\}$。

例 7：在 $(0,\ 2\pi)$ 内，使 $\sin x > \cos x$ 成立的 x 的取值范围是（　　　）

A. $\left(\dfrac{\pi}{4},\ \dfrac{\pi}{2} \right) \cup \left(\pi,\ \dfrac{5\pi}{4} \right)$ 　　　　B. $\left(\dfrac{\pi}{4},\ \pi \right)$

C. $\left(\dfrac{\pi}{4},\ \dfrac{5\pi}{4} \right)$ 　　　　D. $\left(\dfrac{\pi}{4},\ \pi \right) \cup \left(\dfrac{5\pi}{4},\ \dfrac{3\pi}{2} \right)$

解析：在同一坐标系中作出 $y = \sin x$，$x \in (0,\ 2\pi)$ 与 $y = \cos x$，$x \in (0,\ 2\pi)$ 的图像如图 8 所示，由图像可观察出当 $x \in \left(\dfrac{\pi}{4},\ \dfrac{5\pi}{4} \right)$ 时，$\sin x > \cos x$。故选 C。

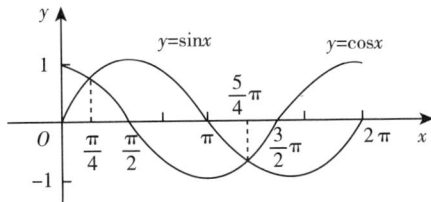

图 8

三、总述

纵观中学数学，可以知道其研究的对象不外乎是一些常见的数量关系与简单的图形，数与形不仅是两个相互对立的概念，而且是数学中较其他对立特殊的一种对立。然而，数与形与其他对立的双方一样，也可以在一定的条件下实现相互转化。因此，化数为形，化形为数，数形相互为用是数学探索和解决数学问题的重要途径。

数学的学习要锻炼学生解决问题的能力和应变的机智。看任何事情都不能单一地去思考，要从多个角度去观察，解决问题的方法不止一个，而是有几个甚至无数个，至于如何攻破它，这就需要我们的思考和实践。

对学生来说，运用数形结合思想解题，不仅直观，易于寻找解题途径，而且能避免繁杂的计算和推理，简化解题过程，能很大程度上提高学生的解题能力，增加他们的自信心，同时克服对几何图形的学习的畏惧心理，从根本上培养学生的学习兴趣，让枯燥的数学重现鲜活的生命力，充分体现新课程标准的数学学习要求，让题目的解答变得不再单一，而是"条条大路通罗马"。

数形结合渗透在中学数学的每个部分，在解题中数学教师要做好这种"数"与"形"关系的揭示与转化，启发学生深刻认识数学问题的实质——数学知识的精髓，这样才能提高学生灵活运用数形结合思想、转化或化归思想与函数（方程）思想解决问题的能力。

参考文献

[1] 袁桂珍. 数形结合思想方法及其运用 [J]. 广西教育，2004（15）：33 – 35.

[2] 莫红梅. 谈数形结合在中学数学中的应用 [J]. 教育实践与研究，2003（12）：44 – 45.

在立体几何教学中落实数学运算素养的几点尝试

广东省梅州市大埔县田家炳实验中学　曹石安

立体几何是数学重要的分支之一，在学生的数学教育中起着重要的作用。然而，随着教育的发展，传统的教学方式已经不能满足学生的需求，如何落实数学运算素养成为当前教育界面临的挑战之一。本文将探讨在立体几何教学中如何落实数学运算素养，提高学生的数学能力和解决立体几何教学中存在的问题。

一、立体几何教学中数学运算素养的重要性和必要性

立体几何是高中数学的重要模块之一，也是落实学生数学运算素养的重要载体。立体几何教学不仅可以帮助学生掌握几何概念和几何推理方法，也可以促进学生的空间想象能力、数学计算能力和应用能力的提高。在立体几何教学中，落实数学运算素养对于提高学生的数学核心素养具有重要的意义和必要性。

二、在立体几何教学中落实数学运算素养的几点尝试

（一）培养学生的几何思维能力

立体几何中的几何思维指的是学生在解决立体几何问题时，通过几何图形的分析、推理和判断，掌握几何概念和几何推理方法，形成几何思维能力。在立体几何教学中，可以通过多种方式培养学生的几何思维能力。例如，人教版必修第二册第八章"立体几何初步"，P115 的例 2 要求计算出漏斗的容积。这道题目需要学生运用几何思维，分析漏斗的形状，计算出底面积和高，从而得

到体积。这样的题目可以帮助学生提高他们的几何分析和推理能力。此外，教师还可以通过引导学生自主思考、让学生尝试多种解题方法、提供充足的练习机会等方式来培养学生的几何思维能力。

（二）强化学生的空间想象能力

立体几何是空间几何的重要分支，学生在学习立体几何时需要具备较强的空间想象能力。例如，教师要求学生根据给定的图形，判断哪些是平行六面体的侧面。这道题目要求学生准确理解平行六面体的特征，通过空间想象能力判断哪些面是平行的。这样的题目可以帮助学生强化空间想象能力，提高他们的几何分析和推理能力。此外，教师还可以通过引导学生观察立体几何图形、提供给学生多种立体几何模型、让学生进行空间变换等方式来强化学生的空间想象能力。

（三）提高学生的数学计算能力

在立体几何的教学中，运算是必不可少的环节。例如，人教版必修第二册第八章"立体几何初步"P118 的例 3，要求学生根据给定的图形计算出其表面积。这道题目需要学生掌握球的表面积公式，熟练运用计算器等工具进行精确的数学计算。这样的题目可以帮助学生提高数学计算能力，增强他们的计算准确性和速度。此外，教师还可以通过教授计算技巧、提供多样化的计算练习、鼓励学生进行计算竞赛等方式来提高学生的数学计算能力。

三、立体几何教学中存在的问题

在高中数学中，立体几何是一个重要的学科，但教学中存在一些问题。首先，部分教师在教学中重视理论知识，例题教学中注重分析，而忽视数学运算素养的培养。其次，由于学生的数学基础和思维能力存在差异，部分学生在数学运算中会遇到困难。最后，传统的教学方式和方法已经无法满足现代教学的需求，需要进行创新。

四、在立体几何教学中落实数学运算素养的对策

教师需要深入理解教材内容，掌握各个知识点的重点和难点，以便更好地指导学生学习。教师还需注意教材内容的梳理和分析，注重教学的重点和难点，将抽象的数学概念和方法转化为具体的实践操作，以帮助学生更好地理解和掌握。

在立体几何教学中，传统的教学方式已不能满足学生的需求，教师需采用

更加创新和有效的教学方法，如项目式教学、探究式教学、课堂互动等，以激发学生的学习兴趣，提高他们的学习效率和应用能力。教师需要把握教学进度和节奏，合理分配教学时间和任务，避免过于烦琐和拖沓，以确保教学的高效性和有效性。同时，教师需要注意教学的重难点，根据学生的不同情况和需求，采用不同的教学方法和手段，使学生更好地理解和掌握教材内容。另外，教师可以利用网络资源和多媒体教学手段，如展示三维立体图形、轴截面、球面几何等内容，让学生更好地理解和掌握教材内容；教师还要善于采用实物模型和数学软件等教学工具，也可以让学生进行实际操作和演示，进而帮助学生更好地理解抽象的数学概念和方法，提高他们的数学运算素养和应用能力。

五、结语

本文通过分析立体几何教学中数学运算素养落实的问题和对策，提出了一些有益的思路和方法。在立体几何教学过程中，教师应该注重培养学生的几思维能力、空间想象能力和数学计算能力，同时创新教学方法和手段，提高教学水平。期望本文能够对立体几何教学中如何落实数学运算素养提供一些有益的参考。

参考文献

[1] 周建军. 立体几何教学中数学运算素养的落实 [J]. 中小学数学教育, 2019（5）: 18 - 21.

[2] 刘洋. 如何提高立体几何教学中数学运算素养: 基于问题解决的教学模式 [J]. 数学教育, 2020, 39（10）: 19 - 22.

[3] 赵娟, 王敏. 立体几何教学中落实数学运算素养的探究 [J]. 教育实践与研究, 2018, 40（8）: 97 - 99.

如何在高中数学课堂教学中
培养学生的核心素养

广东省梅州市平远县梅青中学　曾琼芳

数学核心素养包括数学抽象、逻辑推理、数学建模、数学运算、直观想象、数据分析共六项。在高中数学教学中，教师可打造更加直观的媒体情境，借此锻炼学生的直观想象能力；运用生活化的教学方法、教学情境，锻炼学生的建模能力；提出多样化问题，实现课堂氛围与学生思维的活跃；讲述有趣、多样的数学故事，激活学生的抽象思维；加入有趣的数学游戏，锻炼学生的运算能力；突破常规教学方法，开展各种训练活动，锻炼学生的数据分析能力。

一、核心素养对高中数学的重要性

随着教育改革和课程改革的不断深入和发展，素质教育正在不断推进并且得到了广泛的支持和普及。因此，在当前的高中课堂教学中，教师不仅肩负着教授学生基础理论知识的责任，更要重视对学生综合素质的培养。一方面，在高中数学教学中渗透核心素养符合新课程改革的要求。传统教学模式下，课堂教学以教师为主体，教师决定教学的内容和进度等，学生被动接受知识的灌输，几乎没有自主思考和探究的时间，不利于其能力的提高。核心素养在课堂教学中渗透，凸显了学生的主体地位，学生有学习的主动权，学生可以自主探究和思考数学问题，进而有利于其数学能力的提高，满足了社会对学生的要求。另一方面，核心素养在高中数学课堂中渗透是学生自身发展的需求。学生要想更好地掌握数学知识，教师就必须培养他们的数据分析、数学建模等能力，提高发现问题和解决问题的能力，在探索实践过程中获得综合素质的发展。

二、高中数学核心素养的课堂教学的探究

（一）运用多媒体教学，培养直观想象能力

高中阶段的数学教学内容更抽象、更复杂，难度也更大。如果依旧采取照本宣科的教学方法，会使学生在沉闷枯燥的数学课堂中逐渐丧失学习数学的兴趣，甚至对数学产生厌烦心理。这时候，高中数学教师可以灵活运用互联网技术发展的产物——多媒体技术，高中数学课堂中充分融合多媒体技术，通过展示图片、动画或者视频的方式使教材中的数学原理活起来，学生也可以在潜移默化中加深对数学理论的记忆和理解，激发他们主动学习数学的兴趣，引导学生针对多媒体课件的内容联系数学教材，主动发现问题，并且积极探索问题的解决方法，从而达到提升核心素养的效果。

例如，在进行人教版必修一"二次函数"的教学时，可以引用多媒体进行教学。教师可以运用几何画板画出图 9 中第一组关于 $y = 2x^2$，$y = x^2$，$y = \frac{1}{2}x^2$ 的图像，引导学生观察这三个图像有什么不同之处，学生可以更加直观地发现以上三个函数图像都是开口向上的，且后者的开口更大；然后再展示第二组关于 $y = -2x^2$，$y = -x^2$，$y = -\frac{1}{2}x^2$ 的图像，引导学生观察发现这三个图像都是开口向下的，且后者开口更大。

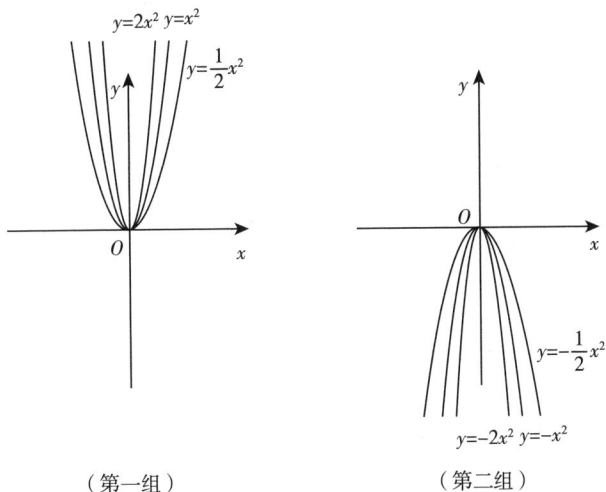

（第一组）　　　　（第二组）

图 9

综上，引导学生研究函数 $y = ax^2$ 中，a 对图像的影响：当 $a > 0$ 时，抛物线开口向上，且顶点为最低点；当 $a < 0$ 时，抛物线开口向下，最高点是顶点；且 $|a|$ 越大，抛物线开口越小，$|a|$ 越小，抛物线开口越大。运用多媒体技术，可以使学生对函数性质的理解更直观、更具体，从而可以有效培养其思维能力和核心素养。

（二）依托问题牵引，培养数学思维能力

在数学的日常教学中，问题教学法是一种非常常见的教学方法。这一手段的应用，可大大提高学生的独立分析能力、独立探究能力和逻辑推理能力。在具体的教学中，教师应当灵活运用问题教学法，促使学生主动思考、探究和分析，使其学会运用自己掌握的数学知识解决实际问题，借此实现课堂教学有效性的稳步提升。

在应用问题教学法时，教师应当从多个角度分析和了解学生具体的学习情况，保证问题的合理性与科学性，有效避免学生在学习时遇到更多的困难，产生消极心理。

例如，在教授平面向量的内容时，教师需在上课前明确该节课的教学目标，并根据学生以往在课堂中的表现，精心设计各种问题，使学生能够全身心地投入数学知识的学习中。在正式教学时，教师需要围绕本节课的教学目标设计问题，使学生在分析问题的同时牢牢掌握数学知识。

在物理学科中，有位移这一概念，位移和数学学科中的向量存在怎样的关系？（如图 10 所示）生活中有哪些既有方向也有大小的量？问题能够有效激发学生的求知欲望，还能使学生认真分析物理学科、数学知识及其实际生活之间的关联。此外，教师还需根据学生在课堂中的表现，重新设计提出的问题，使学生能够更加深入地理解和学习数学知识，如通过分析相等向量可知，向量是由其大小和方向确定的。此外，线段的共线、平行和向量的平行之间存在哪些联系与区别？教师需鼓励学生围绕这些问题展开独立思考，并在小组中分享各自独特的想法和观点。在此过程中，学生能够从根本上发现不同学科之间的关联，还能实现一些必备能力的提高，如探究能力、分析能力、逻辑思维能力等。

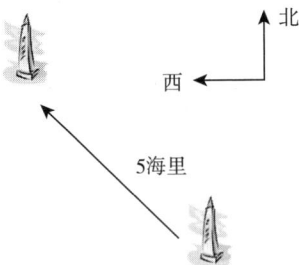

图 10

（三）突破常规教学，提高数据分析能力

数据分析能力是学生必须具备的一种能力。在高中阶段，学生经常会遇到大量的数据，需要从这些数据中提炼出有价值的内容，并利用这些内容顺利解决问题。如果学生不具备较强的数据分析能力，那么其解题效率和质量将会大大降低，其学习兴趣也会消磨殆尽。此时，教师就可运用常规教学法，带领学生分析不同的图表、题目，锻炼其提取有效信息的能力。例如，在教学有关统计和概率的内容时，就需要学生能够掌握各种图表的准确读法，从中提炼出有价值的信息。从当前的情况来看，学生在概率题目中的得分率逐渐降低，主要是因为此类型题目通常拥有较长的题干，而学生不具备较强的信息提取能力和数据分析能力。因此，教师在教学时需要重视学生数据分析能力的提高。

（四）创造思考和讨论的机会，促进学生自主探究

传统教学理念指导下的数学课堂，没有给予学生充足的思考时间和提问机会，很大程度上阻碍了学生的思维和核心素养的发展，所以教师可以适当地将课堂时间交给学生。比如，总共45分钟的课堂时间，教师可以用30分钟授课，剩余的15分钟让学生自主思考和探究，鼓励学生积极提问，教师及时纠正。也可以将这15分钟留给学生进行小组讨论，根据平时对学生的学习能力、数学基础、逻辑思维能力的了解，合理分为几个4~6人的学习小组。通过鼓励学生抛出问题，探讨解题思路和解题方法，从而达到互帮互助、知识互补的教学效果，这样不仅提高了学生的课堂参与度，活跃了课堂氛围，也培养了学生的提问能力、倾听能力和团队协作能力，从而提升其核心素养。

例如，在进行人教版必修二"空间点、直线、平面之间的位置关系"一课的教学时，可以向学生提问："大家可以思考一下，生活中有哪些事物给你留下了平面的印象？"鼓励学生以小组合作的方式分享自己的看法，比如，有的学生会说到黑板、桌面；有的学生会说到平整的操场、平静的湖面等。在讨论与交

25

流中，学生的数学思维可以得到拓展，也会对"平面"形成初步的印象，学习平面的基本性质时，也会更加轻松。同时，这种方式也可以培养学生的团队协作能力和分享意识，从而提升其核心素养。

（五）开展实践活动，培养数学建模核心素养

让学生自主学习，在初步感知的基础上获得进一步的体验，实现教学目标。让真实情境再现，以此来促进浅显知识与隐性知识的有机融合，让学生自主地将隐性知识纳入知识体系，拓展教与学的视野。

（1）深度体验进入教学目标。在一般教学目标的基础上，探究式问题教学强调与深度体验相关的教学目标，如强调与学科基本价值观念、思维模式与行为方式相关的体验性目标，使学生个体在亲历活动中获得理智与情感的、显性与隐性的、意识到与没有意识到的所有体验都进入教学目标。

（2）课堂与真实世界紧密联系。以探究式问题为载体，使教学内容基于教科书并向生活和社会拓展，将相关的真实或仿真的自然现象、社会现象、学生生活融入课堂，促使学生接触新知识时，就能把知识与知识的运用情境联系起来，进而获得个人的、独特的认识问题的方式和对问题的综合把握。

（3）数学建模活动在教学中的开展迫在眉睫。数学建模课程指导思想应以学生为中心、以问题为主线、以培养学生的数学核心素养为目标，在教学中，可采用"任务型＋问题链"的方式，以创造学习环境、强调学习过程为重点，在开展数学建模教学中，我们要重视开通"问题源"，结合实际，梯度上升，掌握学生学情。作为一线教师，我们要不断增强自身的数学建模素养，才能在教学中指导学生开展数学建模活动。

三、结语

综上所述，现代教育发展的最终落脚点就在于对学生核心素养的培养，这也是助推学生全面发展的必然举措之一。《荀子·劝学》有云："不积跬步，无以至千里；不积小流，无以成江海。"发展学生的数学核心素养既需要教师具有大单元式或主题式的整体性课程教学设计理念和能力，更需要教师能将整体布局分化到具体的每一堂课，上好每一堂课，发挥好每一堂课的育人功能，从而形成发展学生数学核心素养的累积效应。基于此，我们高中教师要根据高中生的实际情况来制订切实可行的教学策略，并对策略进行不断的完善，从而进一步思考与剖析现在高中生存在的实际问题，持续改进传统教学模式，最终实现高中生数学能力和核心素养的同步提升。

在高中生物学教学实践中落实核心素养的策略

广东省梅州市大埔县田家炳实验中学　余兆奎

核心素养的培养已成为现代教育的重要目标之一。生物学作为一门自然科学学科，对学生的科学素养和思维能力发展起着重要作用。然而，传统的生物学教学往往过于注重知识的灌输，忽视了学生核心素养的培养。因此，在高中生物学教学实践中，教师需要采取一系列的措施，来促进学生核心素养的全面发展。

一、核心素养对高中生物学教学的意义

在高中生物学教学中，落实核心素养具有重要的意义。首先，核心素养的培养能够帮助学生深入理解生物学的基本概念和原理，培养学生的科学素养。通过批判性思维和综合性思维的培养，学生能够更好地分析和解决生物学中的问题，提高学科学习的质量。其次，核心素养的培养有助于培养学生的创新能力和创造力。生物学作为一个不断发展的学科，鼓励学生思考和探索，培养学生的创新思维和创新精神，为学生未来的科学研究和创新发展奠定基础。此外，核心素养的培养还能够提升学生的合作能力和团队意识。在生物学实验和研究中，合作是不可或缺的，合作学习和项目合作的方式能够培养学生的团队合作、沟通和领导能力，为未来的社会和职业发展打下坚实基础。

二、设计适宜的教学内容以培养核心素养

在高中生物学教学中，设计适宜的教学内容是培养学生核心素养的关键。教师应当根据学生的实际生活和社会需求选择相关内容，以激发学生的兴趣和思考能力。教学内容应贯串科学思维和方法，通过引入实践性和探究性的内容，

培养学生的实践能力和探究精神。此外，还应融入跨学科的知识和概念，让学生在生物学的学习过程中建立综合思维和解决问题的能力。通过设计适宜的教学内容，教师可以激发学生的学习动力，提高他们的科学探究能力和批判性思维，以及实践能力和探究精神，并拓宽学生的视野和综合素养，这将为学生未来的发展打下坚实的基础。

例如，细胞是构成生物体的基本单位，了解和理解细胞的结构对于学生建立生物学的基本概念和原理至关重要。在教学"细胞的基本结构"时，教师可以选择生动有趣的教学材料，如细胞模型或实物示范，以此来引起学生的兴趣和好奇心。同时，教学过程中也可以引入实践性的内容，如细胞的显微镜观察实验，学生可以亲自操作显微镜，观察不同类型的细胞和它们的结构特点。此外，教学过程中还可以融入跨学科的内容，如化学和物理。教师可以解释细胞的化学成分和物理特性，引导学生理解细胞的分子组成、物质运输和能量转换等过程。

三、建立科学的评价方式促进核心素养的提高

建立科学的评价方式是促进学生核心素养提高的关键措施。传统的评价方式往往注重对学生记忆和应试能力的考核，难以全面评价学生的核心素养。因此，教师应采用科学的评价方式来鼓励学生的综合能力发展。在平常的教学中，教师可以通过设计开放性的评价任务、注重学生的合作能力和团队合作精神，以及采用多元化的评价方法，全面考查学生的综合能力，培养学生的综合素养。这将帮助学生更好地适应未来的社会和职业发展，实现全方面发展。

例如，在教学"细胞的物质输入与输出"时，教师可以设计一个开放性的评价任务，要求学生独立或小组合作进行细胞的物质输入与输出的研究。学生需要收集相关的资料、设计实验并进行数据收集与分析。评价标准不仅包括学生对知识的理解与应用，还包括实验设计的合理性、数据分析的准确性以及对结果解释的合理性。这样的评价方式，将锻炼学生的科学思维和实践能力。此外，教师还可以让学生相互评价彼此的实验报告或研究成果，这样不仅可以促进学生的合作与沟通能力，还可以培养他们的批判性思维和分析能力。

四、采用多元化的教学方法促进核心素养发展

为了提升学生的核心素养，教师应采用多元化的教学方法，以满足不同学生的学习需求。首先，教师可以运用探究式学习的方法，通过提出问题、开展

实验、进行观察和分析等环节，激发学生的好奇心和求知欲。其次，教师还可以运用信息技术和多媒体教学手段，通过运用电子教学资源、网络搜索和信息收集等工具，来扩大学生的学习资源和知识范围。采用这些教学方法可以更好地满足不同学生的学习需求和发展潜力，提升学生的核心素养。

例如，在教学"细胞的衰老和凋亡"时，首先教师可以提出问题，引导学生思考细胞衰老和凋亡的原因和机制，然后学生可以通过阅读文献、观察实验数据以及进行模拟实验，积极参与讨论和探究。或者，教师可以运用多媒体资源，如图像、动画和视频等，向学生展示细胞衰老和凋亡的过程和机制，通过视觉和听觉的刺激，学生可以更直观地理解和记忆相关的概念和知识。

五、创建有效的情境促进核心素养的提高

创建有效的情境是促进学生核心素养提高的重要策略之一。在高中生物学教学中，教师可以通过创建有效的情境，来激发学生的学习兴趣，将知识应用于实际情境中，促进学生核心素养的提高。这样的情境创设能够培养学生的实践能力、创新能力和解决问题的能力，使他们在未来面对复杂的现实情境时能够应对自如，展现出综合素养的全面发展。

例如，在教学"细胞的增殖"时，教师可以利用多媒体技术来创设有效的教学情境，用视频或者图片功能，为学生呈现细胞的增殖过程，让学生通过视觉来直观地了解这一知识点，以此来进一步促进学生核心素养的发展。

总而言之，在高中生物学教学实践中落实核心素养的策略，可以有效促进学生综合能力和核心素养的提高。这些策略包括设计适宜的教学内容，建立科学的评价方式和采用多元化的教学方法，以及创建有效的情境等。不断改进和完善这些教学策略，能够更好地推动高中生物学教学中核心素养的落地。

参考文献

[1] 许慧敏. 基于生物学学科核心素养的高中生物教学策略 [J]. 新课程，2018（27）：203.

[2] 周兴辉. 生物学核心素养与高中生社会责任的培养 [J]. 学周刊，2019（35）：73.

[3] 李春荣. 高中生物教学中学生科学素养提升的有效方法探究 [J]. 中学课程辅导：教师通讯，2018（10）：50.

学科素养在高中数学课堂教学中的探索

——以函数的零点为例

广东省梅州市大埔县田家炳实验中学　陈丽萍

进入高中阶段以后，数学课程的知识内容更加复杂，知识点更加广泛，为了更好地满足学生的学习需求，稳步提高学生的创新思维意识，强化学生核心素养的培育力度，高中数学授课教师必须要在核心素养的发展背景下，提高学生的思想意识，针对不同的教学环节进行优化设计，创造灵活的数学课堂，对例题进行深层次的分析，避免出现题海战术的情况，通过多种途径的内容探讨，为高质量数学课堂的建构创建有利的平台。

一、函数零点的概念以及例题的分析

函数的零点从不同的角度将数与形、函数与方程有机地联系在一起。对于一个函数 $y = f(x)$，使得 $f(x) = 0$ 的实数 x 就叫作函数的零点。通常来说，高中数学函数零点类习题，主要考查的方面有四点：一是函数零点的判断与证明（是否存在零点，如何证明，通常解题思路为判断函数单调性，进而判断是否存在零点，以及证明）；二是函数零点的个数问题（分析有几个函数零点，通常采用函数求解，或数形结合来判断）；三是函数零点的特征类问题（函数零点的实数根之和、取值范围等等）；四是复合函数的零点问题（求复合函数的零点，相当于求分解函数的交点，或是根据复合函数的性质，求函数中某一数的取值范围等）。

针对函数 $f(x) = \ln x + 2x - 6$ 的零点，在探讨的过程中，首先需要了解三个问题，第一个问题要知道零点的概念是什么？第二个问题 $f(x) = \ln x + 2x -$

6 这个函数是否有零点？第三个问题如果有零点，那么零点会出现几个？学生了解了零点的基本含义之后，针对零点存在性的根本定理也能够进行进一步的探究，针对函数的零点进行判断。因此，作为教师，在这期间必须要对学生进行有针对性的引导，让学生能够在了解零点的概念之后，针对一些函数的例题有一个明确清晰的学习思路，将零点进行方程的转化，以此得出答案。

以上思路是进行函数零点例题的解答的关键，作为教师，在引导的过程中，必须让学生去思考。学生通过教师的有效提示，去寻找最终的答案，对学生解决关于函数零点的问题具有积极的影响，后期针对同类型的例题，在分析的过程中也能够在第一时间寻找答案。

二、例题的解答

在学生对函数的零点概念有了一定的了解之后，可以初步去应用零点的存在性定理，通过具体的例题，学生能够更进一步地去了解函数的图像，深入分析函数的单调性，以此确定零点在整个例题解题过程中的作用。针对不同的函数，在解答的过程中，图像性质是进行函数例题解答的关键，也是当前例题解答最高效的一种方式。对于很多学生而言，由于自身的知识储备不够，对一些基本函数的定理以及运算方式和技巧不够清晰明了，因此，在对图像进行判断的过程中，对函数本身性质的确定不知道如何着手，思维不够开阔，在进行例题解答的过程中存较大难度，这个时候，教师就可以让学生从数和形这两个维度进行展开，将基本的函数向初等函数进行转化。针对某一个问题，就是要学会去引导学生通过图形的形式对问题进行解答和描述，通过形的理解将抽象的概念数进行消化吸收，将复杂的问题简单直观地呈现。

在函数图像的分析过程中，描点作图是关键，学生通过作图能够更加清晰地了解到整个函数图像的含义。在这期间，教师还可以利用网络媒体进行教学，通过设计 Excel 作出相应的对应指标，然后以描点作图的形式或者通过几何画板的方式作图，学生通过这种图形能够更加直观地了解到函数的图像与 x 轴之间的关系。如图 11 所示，$f(x) = \ln x + 2x - 6$ 有了清晰的图示，学生在理解的过程中可以直观地看出该函数图像与 x 轴只有一个交点，所以这个函数最终也只有一个零点，这种图形的呈现更加直观明了，学生在学习的过程中也会更加地清晰，后期再遇到类似的例题，在分析的过程中也可以采用这种作图的方式，能够极大地提高解题的效率，使学生对当前的函数例题的分析有更多的可行性方案。

x	1	2	3	4	5	6	7
$f(x)$	−4	−1.306	1.098	3.368	5.609	7.791	9.946

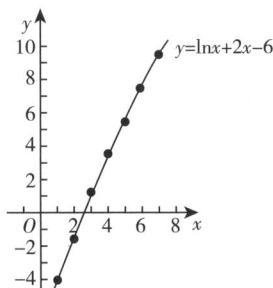

图11

为了对函数的性质进行更加清晰的阐明，可以通过演绎推理的形式得出最终的答案，解答函数式。通过数的精确性进行质的分析，对学生自身的学习要求会更加严格，对于一些基础较好的学优生而言，可以通过这种形式进行探讨，让学生能够利用已有的知识经验对自己的猜想进行证明，让学生能够先提出问题，通过自己的方式和已有的知识能力进行解答论证，从而得出最终的答案。

例如习题：函数 $f(x) = 2\sin x − \sin 2x$ 在 $[0, 2\pi]$ 上的零点是几个？拿到题之后做一简单判断，画图也是可以的，画出两个函数 $f(x) = 2\sin x$ 和 $f(x) = \sin 2x$ 的大致图像即可，然后判断两个函数图像在区间 $[0, 2\pi]$ 上的交点个数。当然，也可以直接通过计算去得到答案，可得方程 $2\sin x − \sin 2x = 0$，再继续推导 $2\sin x − \sin 2x = 2\sin x − 2\sin x \cos x = 2\sin x(1 − \cos x) = 0$，解得 $\sin x = 0$ 或 $\cos x = 1$，那么在区间 $[0, 2\pi]$ 上，就有 $x = 0$，π，2π 三个解，零点就是三个。

三、重视变式

在核心素养的发展背景下，为了构建高效的数学课堂，对于高中生而言，针对当前所遇到的一些数学问题要学会主动去思考，通过先自主地解决问题，再与同伴合作交流，从而更快地找寻到最终的正确答案。如以函数 $f(x) = \ln x + 2x − 6$ 的零点存在的区间为例，为了更好地探究这一函数的区间是否唯一，学生可以通过计算机列表的形式找出零点区间，依照不同学生所计算出的零点区间的数值进行分析，要让学生从思想上意识到不确定性对零点的区间范围影响更大，以此为后期的方程求解作好铺垫。当学生将该函数零点所在的区间进行求解之后，教师可以让学生根据这一函数零点的个数确定零点所在区间。在第一个例题的探究基础之上找出零点区间的唯一性，让学生有足够的思考和学习空间，通过同伴之间的合作，利用几何画板，将函数图像的零点个数进行直观地呈现，最后让学生能够利用单调性，对零点的唯一性进行确定，以此得出最终的结论。如果函数 $f(x)$ 满足 $f(a)$ 乘 $f(b)$ 小于 0，且 $f(x)$ 在 (a, b) 上单调，那么 $f(x)$ 在 (a, b) 内存在唯一的零点。总而言之，通过不断地变形，提出各种问题，让学生将教师所传授的理论知识进行实践操作，让学生能够根据自身已有的知识经验进行解答，这无论是对于学生自身，还是整个课堂的质量把控，都具有积极的影响。

在变式训练中，利用"数形结合"能够很好地解答，这是一种常见且高效的解题方法，将"数"与"形"两个要素结合起来，将复杂的数理关系用较为简单、较为直观的图像表达出来，方便学生理解知识和解答习题。例如图 2 所示的函数求零点的问题，是复合函数的零点问题，求复合函数的零点，相当于求分解函数图像的交点，这道题考查零点的个数，不用细致求解，可以用数形结合，将复合函数分解为两个分解函数，并分别画出两个分解函数的图像，只需要画出简单图像即可，通过直观观察，就可看出两个函数图像交点为两个，这一复合函数的零点也就是两个。

跟踪训练：函数 $f(x) = |x-2| - \ln x$ 在定义域内的零点个数为（　　　）

A. 0　　　　　　　B. 1　　　　　　　C. 2　　　　　　　D. 3

解析：由题意可知 $f(x)$ 的定义域为 $(0, +\infty)$，在同一直角坐标系中画出函数 $y_1 = |x-2|$ $(x>0)$，$y_2 = \ln x$ $(x>0)$ 的图像，如图 12 所示。

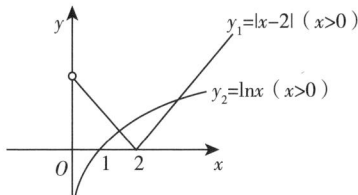

图 12

由图可知函数 $f(x)$ 在定义域内的零点个数为 2。

故选：C。

四、结束语

高效课堂的建构是培养学生核心素养的关键，教师在整个课堂教学开展的过程中是重要的指挥官，作为高中数学教师必须站在学生的角度进行思考，不断优化当前的授课模式，以教材为基础进行多方面的内容分析，稳步提高学生的数学学习能力，为学生数学核心素养的发展打下坚实的基础。

信息技术在构建高中生物学高效课堂中的实践与探索

广东省梅州市大埔县田家炳实验中学　余兆奎

在当今信息技术快速发展的时代，教育领域也面临着新的机遇和挑战。高中生物学教育作为培养学生科学素养和创新思维的重要环节，需要不断适应信息化时代的需求。信息技术的广泛应用为高中生物学教育提供了丰富的教学资源和创新的教学手段。合理地利用信息技术，可以构建高效的课堂环境，促进学生的主动学习和深入理解。

一、信息技术在高中生物学教育中的重要性

信息技术在高中生物学教育中扮演着重要的角色。对于高中生物学教育而言，信息技术的重要性体现在多个方面。首先，通过信息技术，学生可以获得更广泛的学习资源，如在线教材、学术论文等，从而扩展了学习的广度和深度。其次，信息技术创新的学习工具及其应用为高中生物学教学带来了新的可能性，如虚拟实验室、模拟软件等，能够激发学生的学习兴趣，增强学生的实践能力。因此，信息技术在高中生物学教育中具有重要的价值和意义，其应用将为教师和学生提供更好的教学和学习体验，推动生物学科的深入发展。

二、利用在线讨论平台促进学生互动

在构建高效的生物课堂时，利用在线讨论平台促进学生互动是一项关键策略。传统的生物课堂常常以教师的单向授课为主，学生缺乏积极参与和互动的机会。然而，引入在线讨论平台，可以改变这种模式，它可以为学生创造一个

充满互动性和合作性的学习环境。学生可以通过该平台分享他们的见解，交流想法，并与同学进行深入的讨论。这种互动不仅激发了学生的思维和创造力，还能让他们相互启发，共同探索生物学的概念和问题，从而深化对知识的理解。

例如，学生在学习"细胞中的无机物"时，可以利用在线讨论平台探讨无机物在细胞内的功能和作用，如无机盐在细胞内的平衡调节和细胞骨架中的无机物的结构支持等。学生可以互相分享自己的观点，并从其他同学的回答和评论中获得新的见解。此外，通过在线讨论平台，学生也可以提出关于细胞中无机物的问题，如无机物是如何进入细胞的？无机物与有机物之间的相互作用有哪些？这样的问题将激发他们的思考和研究探索兴趣。

三、利用虚拟实验和模拟软件进行实践学习

生物学实验是培养学生实践能力和科学思维的重要环节。然而，传统的实验条件有限，且时间和资源成本较高，利用信息技术的实践性策略则可以解决这些问题。在平时的教学中，教师可以利用虚拟实验和模拟软件，让学生在虚拟环境中进行各种生物实验，模拟真实的实验过程和结果。虚拟实验可以使教学更具灵活性和安全性，使学生能够反复实践、观察和分析结果，从而深入理解生物学原理。此外，模拟软件还可以模拟复杂的生物系统和过程，帮助学生观察和理解生物学中难以观察或理解的现象。

例如，在学习"细胞的分化"这一知识点时，学生可以通过虚拟实验软件模拟不同类型的细胞分化，如胚胎发育中的神经细胞分化、干细胞的分化等。他们可以观察细胞在不同发育阶段的变化，了解分化过程中细胞的形态和功能的变化。通过虚拟实验，学生可以尝试控制不同因素，如细胞外环境、信号分子等，观察其对细胞分化的影响，从而深入理解分化调控的机制。这样，不仅可以拓展学生的实践学习机会，还能促进他们对细胞生物学的兴趣养成和深入学习，提高其学习效果。

四、利用自适应学习系统满足学生个性化需求

每个学生在学习生物学时具有不同的学习风格、兴趣和需求，为了满足学生的个性化需求，信息技术可以提供个性化学习策略的支持。自适应学习系统是一种基于学生个体差异的智能教育技术，在生物学的学习中，自适应学习系统可以根据学生的兴趣和学习目标，为他们提供特定主题的学习资源和案例研究。学生可以选择感兴趣的生物学领域进行深入学习，并通过自适应学习系统

获取相关的学习材料和资源。这种个性化的学习路径可以提高学生的学习满意度。

例如，学生在学习"细胞中的糖类和脂质"这部分知识时，自适应学习系统可以根据学生的学习风格和学习能力，提供不同层次和深度的学习资源。对于初学者，系统可以提供简明易懂的介绍糖类和脂质的基本概念、结构和功能的资源。这些学习资源可以通过图表、动画和实例来呈现，帮助学生理解糖类和脂质分子在细胞中的作用。对于有一定基础的学生，自适应学习系统可以进一步提供更深入的学习材料和挑战。系统可以提供更多的实例和案例研究，让学生了解糖类和脂质在不同细胞中的重要作用，以此来加深学生对细胞中的糖类和脂质的理解。

五、数据可视化和信息图表

在高中生物学教育中，数据可视化和信息图表是信息技术应用的重要方面，它可以帮助学生更清晰地理解和记忆复杂的生物学概念和关系。在高中生物学教学中，涉及了大量的实验数据和统计信息，通过数据可视化，学生可以直观地观察数据之间的关系和趋势，从而更好地理解和解读生物学的实验结果和科学研究。因此，在构建高效的生物教学中，教师应积极引入数据可视化和信息图表，丰富课堂教学和学生的学习体验。

例如，在教学"细胞的能量供应和利用"这一课时，教师可以通过让学生制作能量代谢路径的信息图表来展示细胞内能量供应和利用的过程。该图表可以使用箭头表示不同分子之间的转化关系，并标注每个步骤所涉及的酶和反应。这样的图表可以帮助学生直观地理解细胞是如何利用营养物质进行能量转化的，以此来提高他们的学习效果。

总之，信息技术在构建高中生物学高效课堂中的实践具有重要的作用和潜力。充分发挥信息技术的优势，可以给学生提供更丰富、创新和个性化的学习环境，以此来提高学生的学习效果和兴趣，让学生在高中生物学的学习中能够将知识更好地掌握在自己手中。

参考文献

[1] 余玉勤 . 浅谈高中生物实验教学 [J] . 科学咨询（教育科研），2012
（5）：102 – 103.

［2］张富生. 让高中生物不再单调［J］. 新课程（教研），2011（5）：
199－200.

［3］周培培. 高中生物实验开展策略探究［J］. 中学课程辅导：教师通
讯，2019（7）：90.

信息技术与高中物理教学深度融合的策略探究

广东省梅州市大埔县田家炳实验中学　邝新元

一、信息技术在高中物理教学中的应用价值

当代物理教学工作中，教师需充分结合自身的实践经验，利用专业知识储备，提高对现代教学素材、教学媒体、教学资源、教学信息的合理化运用；以信息技术为基础，落实新型教育教学理论，构建具有新颖化和特色化的物理学习课堂，满足不同学生的学习诉求，摒弃早期传统教学中的不足，促进教学媒体和教学方式的转型与升级；通过不断优化教学要素及环节内容，丰富课程讲授的结构，引导高中学生自主参与物理知识的探索总结，以更好地解决物理教学中的难题。

在整个高中阶段，物理教学工作呈现出共享性、协作性、交互性和开放性的特点，要想让学生形成整体性的认知，教师必须立足实际，跟紧时代发展步伐，及时转变当前的教育形式，改变学生对知识学习的固化认知。而信息技术是现代科技的发展产物，也是教育教学工作的有力帮手，可以在教学中促进立德树人的价值实现，培养学生的核心素养。因此，运用信息技术开展物理教学，可以培养学生的健全品格，提高学生的综合能力。

二、信息技术与高中物理教学深度融合的探究策略

（一）树立信息化教学理念

教学理念会影响教师的教学行为，深度融合背景下，教师首先要转变自身的教学理念，充分结合信息技术与高中物理课程，树立正确的信息化教学观念，提高课堂教学的质量和效率。总体来说，需要做到以下几点：一是在整合信息技术与物理课程的过程中，需要保持二者的协调性，避免刻意进行整合或者是

划分界限，科学、合理地运用信息技术，提高学生学习的有效性；二是在整合信息技术与物理课程时，还要坚持以学生为核心的基本原则，充分了解学生的实际情况，及时调整课程融合的方案，促进物理课堂中"教"与"学"的协调发展；三是落实民主化教学模式，给学生提供大胆发言、自主探索的机会，充分挖掘学生的学习潜力，全面提升其物理综合素养的水平。

（二）利用动画模拟展示，化繁为简

在高中物理教学中，学生经常会遇到抽象性的物理知识，由于学生的思维能力存在一定限制，很难充分理解此类知识，因此，学生的物理学习兴趣也会明显降低，物理水平无法得到提高。但是应用信息技术以后，可以对这方面进行弥补，通过采用生动的动画模拟过程，创建丰富、形象的实际情境，为课堂教学活动的顺利开展提供技术保障，以促进物理知识的简单化理解。教学过程中，教师需要利用多媒体设备，将抽象的物理知识模拟化，展示出课堂教学中的重难点内容，化繁为简，促进课堂学习质量的提升。

例如，在学习"力的分解"内容时，首先要确定合力 F 的大小及方向，存在两个分力，已知分力 1 的方向、分力 2 的大小，要求计算出分力 1 的大小、确定分力 2 的方向。在该题目中，若教师在黑板上进行画图、讲解，不同的学生接受能力也不同，有部分学生无法精确掌握其原理。借助几何画板，运用相关命令清晰地呈现出力的分解过程，可以让学生直观掌握其中蕴含的物理规律，促进物理知识的动态转化，有利于突破课程难点，使学生及时跟上教师的讲授进度。

（三）优化高中物理实验教学

高中物理学习中，实验是十分重要的一个组成部分，开展物理实验可以给学生提供动手实践的机会，激发学生参与物理科研的探究欲望，感知物理现象，促进科学思维的创新，对培养高度的科学责任意识也有积极影响。考虑到学校自身条件的问题，受资金、技术等方面的限制，很多物理实验无法在室内完成，因此可以开展仿真实验、科学实验等，帮助学生近距离地观察和探究物理实验过程。这类实验还具有方便、安全的特点，便于学生进行多次观看，对于实验中的细节部分还可以进行放大处理，以及时捕捉实验中的细节。比如，高中物理力学实验、变速直线运动实验等，都可以借助仿真实验软件进行，在教学过程中运用信息技术，展示动态化的物理实验模拟过程，使学生更清晰地观察各种不同的物理现象，了解其产生、变化的具体过程，从而深化对物理知识的理解。除此之外，也可以巧妙地运用信息技术，有机整合趣味物理实验和物理教学的理论内容，激发学生对物理实验的参与兴趣，提高物理实验的学习效果。

（四）突出物理知识重点

物理课程教学中分布了各式各样的重、难点内容，一味地开展全面教学，会使学生的学习压力陡增，导致学习难度增大，影响学生的学习兴趣，而且对提高学习效率没有过多帮助。信息技术的出现，可以使物理知识变得更加明晰、明确，利用针对性教学来帮助学生把握物理知识，提高课堂教学的有效性。比如，可利用信息技术建立网上平台系统，在平台中设置多个学习项目供学生自主选择，给学生提供多元化的学习场所，要求学生根据自身学习现状，对课堂学习中的疑惑点、遗漏点进行复习和回顾。同时，也可在网络平台的客户端上传物理学习资料包，以及一些重难点知识的微课讲解视频，帮助学生实现个性化学习，突破时间和空间的限制，提高学生的自主学习能力，以更好地吸收、消化物理知识。

（五）提高学生的自学能力

新课改背景下，学生必须提高自学能力，学会自主探究、合作探究。现代化信息技术的融入，为自主学习提供了良好的技术支持。比如，微课是近几年应用较为广泛的一种教学形式，教师可以利用微课视频，在课前制作相应的微视频，给学生提供自主预习的机会，学生可以在教师发布的短视频中了解并学习相关知识点，以便更好地接受后续的课堂学习内容。在观看微课视频的过程中，学生也可以通过自学，将无法理解的知识内容进行记录、反馈，教师也可以利用网络平台及时掌握学生的反馈信息，并针对学生在预习过程中出现的普遍问题进行统一讲解，提高课堂教学的针对性，进一步提高课堂教学的效率。

三、结语

综上所述，物理知识与生活实际紧密相关，教师在指导学生了解和掌握物理知识的同时，也要注重对实践教学能力的培养。现代化教学背景下，高中物理课程和信息技术的融合，已经成为未来教学发展必然趋势，以教师的"教"为导向，以学生的"学"为核心，通过关注学生的学习过程，引导学生实现个性化成长与发展。同时，教师还应从教学理念、实验教学、教学方法等方面进行思考，促进学生的深度理解，不断提高学生的物理综合能力，提高其核心素养的水平。

参考文献

［1］郑吴凡.基于核心素养的高中物理数字化实验教学策略研究［D］.扬州：扬州大学，2022.

［2］尤洪浩.基于数字化实验和智慧课堂的高中物理探究式教学模式研究［D］.济南：山东师范大学，2021.

［3］季聪.核心素养下高中物理新授课与信息技术融合研究［D］.武汉：华中师范大学，2021.

［4］杜喜龙.Mathematica在高中物理教学中的应用研究［D］.西宁：青海师范大学，2019.

［5］陈建福.微视频与高中物理教学深度融合的策略研究［J］.成才之路，2020（11）：92－93.

［6］刘莉萍.核心素养下高中物理教学与信息技术的深度融合［J］.美眉，2023（7）：97－99.

学科素养渗透在化学课堂中的策略

广东省梅州市大埔县田家炳实验中学　廖志平

高中化学学科核心素养的培养不仅关注学生的知识水平，更关注学生的能力和素养。高考改革方案倡导知识与技能的结合、能力与素养的评价，这意味着学生的综合素质和实践能力将成为高考评价的重要依据。因此，高中化学学科核心素养的培养已经成为化学教育的一项必要任务。在这个过程中，教师需要注重激发学生的学习兴趣，引导学生自主探究、独立思考，培养学生的创新精神和实践能力。同时，教师还应该注重学生的社会责任感和价值观的塑造，使学生具备良好的道德素养和公民意识。通过这样的教育，我们可以培养出具有全面素质、创新能力和社会责任感的高中化学学科人才，为国家和社会的发展做出贡献。

一、化学学科核心素养的基本内容

2016 年 9 月，中国核心素养研究团队发表了《中国学生发展核心素养》，这份文件对当前中国学生的素质和能力发展进行了全面的总结。随后教育部颁布的《普通高中化学课程标准（2017 年版 2020 年修订）》（下文简称"课程标准"）中提出了高中化学要落实学科素养的培育任务，即宏观辨识与微观探析、变化观念与平衡思想、证据推理与模型认知、科学探究与创新意识、科学态度与社会责任，如表 1 所示。通过对化学五大核心素养的分析，可知宏观辨识与微观探析素养、变化观念与平衡思想素养、证据推理与模型认知素养的作用为总结化学学科知识点的特点，以及化学学科问题解决的思想方法。科学探究与创新意识素养则强调了化学实验的重要性，鼓励学生动手实践，历经实验探究的过程，优化实验方案，分析实验现象，推导实验结论。科学态度与社会责任反映了"立德树人"教育理念扎根于化学课堂，通过良好的价值引导，促进学生健康发展。

表1　高中化学核心素养解读

核心素养	内涵	相互关系
宏观辨识与微观探析	能够将宏观现象与微观结构相联系，理解化学世界的多种形态和多样性。	总结学科特点以及思想方法。
变化观念与平衡思想	理解化学反应的本质特征，掌握相关的概念和定律，并具备分析和解决化学问题的能力。	
证据推理与模型认知	能够运用实验和理论手段，积累和分析化学数据，建立有效的模型来描述化学现象，提高化学思维能力和模型建构能力。	
科学探究与创新意识	主动地进行化学实验和探究，掌握化学实验操作技能，培养实验观察、数据记录、结果分析和创新思维的能力。	指出化学教学重视实验创新。
科学态度与社会责任	理解科学的规范和伦理，具有积极的科学态度和社会责任感，以及关注环境、生命和健康等问题的意识。	揭示了化学学习的价值追求。

二、学科素养在化学课堂中的实践策略

（一）创设教学情境，凸显"科学态度与社会责任"价值引领

在新时代背景下，落实学科核心素养培育任务成为许多教师关注的重点。要想帮助学生形成良好的科学态度和自觉形成承担社会责任的意识，就必须要结合"科学态度与社会责任"，课程标准明确指出要培养学生严谨的科学态度以及安全意识，能够对化学社会热点做出正确的判断，形成保护环境的发展意识。由此可见，化学教学要通过情境素材展现化学主题，从而发挥化学学科的价值育人功能。比如在学习"硫及其化合物"时，可以设计如下教学情境：

情境1：工业上制备橡胶时通常加入硫黄硫化，这样的橡胶有什么良好的性能？（经硫黄硫化的橡胶具有良好的耐磨性和弹性）

情境2：请同学们观察这张图片，硫黄香皂有哪些成分呢？为什么在香皂中添加硫黄？它有什么作用呢？

情境3：你们在生活中购买生姜时会选择哪种颜色的？颜色好点的一定是

健康的吗？生姜为什么用这种气体熏蒸呢？与硫及其化合物又有什么联系呢？

情境4：防治酸雨已经成为世界各国环境保护的重要问题，想一想，大气中的二氧化硫是怎样转化为硫酸的？

根据教材的内容，从学生日常生活选择素材，硫化橡胶、含硫香皂展示了硫及其化合物对人类生活的重要性，硫黄熏蒸和酸雨则反映了硫及其化合物对人类社会的危害，引导学生理性看待化学物质对人类发展的两面性，促进学生形成社会责任意识。

（二）提炼核心知识，感受学科本质与思想方法

课程标准强调高中化学教学要重视学科思想方法的教学，如何在教学中落实要求？笔者认为掌握学科思想方法的最好途径就是引导学生从宏观与微观、变化与守恒等角度，收集证据、构建模型，历经化学知识探究过程。比如，在学习"硫及其化合物"时，为了帮助学生掌握化学学科思想方法，在教学过程中设计学习任务单，引导学生逐渐深入思考，利用已有的知识解决问题。

学习任务1：硫单质的物理性质及其相关化学反应方程式是什么？

学习任务2：含硫元素主要化合价的物质的化学式是什么？

学习任务3：推测 SO_2 的性质和可逆反应的内容，推测 SO_2 同 CO_2 比较有哪些化学特性？如何验证？

学习任务4：含硫物质在工业制硫酸中的转变过程是什么？

学习任务5：浓硫酸的化学性质是什么？请设计实验验证，写出相应的化学方程式。碳酸根、硫酸根检验和分离的方法是什么？

学习任务6：请尝试绘制硫及其化合物的价类二维图。

上述学习任务，引导学生阅读教材，总结归纳硫单质、硫化合物的特点，探索硫及其化合物的化学实验验证方法以及在现实生活中的应用，并通过绘制硫及其化合物的价类二维图，诊断学生元素观和分类观的发展，有效培养了学生的学科思想方法。

（三）开展探究活动，强化科学探究与创新意识

推动化学课程改革，必须从"以教师为中心"的教育方式转变为"以学生为主体"的课堂探究模式，只有这样才能更好地让学生了解化学知识，解释化学现象和理解化学问题。因此，在教学中，要把学生放在课堂中心位置，开展合作学习活动，鼓励学生多思考、多交流、多动手，让学生亲身经历知识发现的过程。而教师主要起到引导的作用，对学生的行为进行观察，对学生在探究过程中遇到的困难进行及时解答，并采用合适的激励措施，从而提高学生对化

学的学习兴趣和动手能力。比如，在学习"硫及其化合物"时，针对二氧化硫易溶于水的特点，引导学生设计实验方案进行验证，培养学生的化学创新意识。

方案1：用干燥的矿泉水瓶收集一瓶 SO_2 气体，注入蒸馏水（矿泉水瓶变瘪）。

方案2：用锥形瓶收集一瓶 SO_2 气体，然后将吸有氢氧化钠溶液的胶头滴管插入带孔的橡胶塞（胶头滴管变瘪）。

方案3：用集气瓶收集一瓶 SO_2 气体，打开旁边与水槽相连的止水夹让水进入集气瓶（导管水面上升）。

三、结语

总而言之，培育学生的核心素养是一项需要长期探索的教学任务，要依据课程标准的要求，联系现实生活，引导学生体会科学精神与社会责任，利用核心知识内容，设计学习任务，帮助学生感受化学的学科本质，并组织实验探究活动，来培养学生的动手实践能力和创新意识，从而提升学科关键能力，促进学生核心素养的全面提升。

参考文献

[1] 彭博. 实验探究模式下高中化学核心素养培养策略 [J]. 知识窗，2020（8）：109.

[2] 周业虹. 基于教科书化学史素材发展学科核心素养的教学策略 [J]. 化学教学，2020（9）：36-40.

[3] 童文昭，邹国华，王后雄. 化学核心概念教学的思路与实践 [J]. 教学与管理，2019（13）：69-71.

[4] 喻俊，唐乐天. 核心素养视角下高中化学课堂教学探究活动设计：以元素周期律为例 [J]. 化学教学，2019（8）：67-70.

[5] 李佳，李云爽，孙旭. 高中生化学学科核心素养影响因素研究 [J]. 化学教育（中英文），2019（19）：61-67.

如何在语文课堂教学中培养学生的学科素养

广东省梅州市大埔县田家炳实验中学　林露

近年来，语文的地位一直很尴尬：说它重要，因为高考分数占比大；说它不重要，因为它没有得到应有的重视。但对于考生而言，高分可以激励他们更加努力地掌握核心测试点的知识点，而获得高分的关键是学科素养。因此，新课程改革后，学科素养的培养成为语文教学的主要内容。

一、语文学科素养概述

语文学科素养对高中生学习语文非常重要，是语文教学中不可或缺的一部分。而如今，语文教学普遍只注重知识的传授，即只注重语文学科工具性的一面，忽视了人文性的一面，从而导致大部分学生学习语文只停留在掌握语言文字上面，对于语文学科的各种文化现象则知之甚少。

语文学科素养是指学生在语文学科学习中培养的综合素养。高中语文课程标准已明确把其分为四个方面，即语言建构与运用、思维发展与提升、审美鉴赏与创造和文化传承与理解。这四个方面主要包括了对学生语言技能、思维能力、情感态度和价值观等方面的培养。它的内涵比以前的课标要求更全面、更具体、更具有时代性。

那么，如何在语文课堂教学中培养学生的语文学科素养呢？下面我将从语文学科素养在阅读、写作和综合性学习中的应用三个角度讲述这个问题。

二、语文学科素养在阅读教学中的应用

阅读教学是语文教学的重要组成部分，是培养语文学科素养的重要途径之

一。在阅读教学过程中，教师应该以培养学生的阅读能力和阅读素养为目标，注重提高学生的阅读技能和阅读策略，为学生的发展和成长提供有力的保障。

首先，在阅读教学中，要注重培养学生的阅读习惯。由于学生在阅读过程中遇到的文本类型和难度不同，所以他们需要逐步培养良好的阅读习惯和态度。教师应该鼓励学生坚持自主阅读，在阅读中学会思考和提炼有效信息。其次，在阅读教学中，要注重培养学生的文本解读能力。文本解读是阅读过程中的重要一环，教师应该通过引导学生深入探究文本中的细节、意义和语言特点，促使他们理解阅读材料，提升他们的阅读水平。再次，在阅读教学中，要注重培养学生的批判性思维。阅读教学应该强调学习者的主体地位，让学生积极思考、拓展思路、发散思维。教师应该鼓励学生从不同角度考虑问题，帮助他们建立批判性思维模式，提高其文本解读和判断能力。最后，在阅读教学中，要注重培养学生的文化素养。教师应该引导学生对文本进行文化解读，了解其中蕴含的文化背景、价值观和思想意义，提高学生的历史意识、思想意识和文化意识，从而提升文化素养。

总之，在阅读教学中，教师应该注重培养学生的阅读能力、文本解读能力、批判性思维和文化素养，帮助他们养成良好的阅读习惯和阅读态度，提高他们的阅读效率和阅读水平，提升整个教育教学质量及社会发展水平。

三、语文学科素养在写作教学中的应用

语文写作是语文课堂中最具技术性的环节之一，也是学生快速提升语文素养的重要途径。因此，在语文教学中加强对学科素养的应用对学生的写作能力提升至关重要。

在语文写作教学中，首先应重视学生语言能力的培养，以提高学生语言表述能力为主要目标，通过灵活运用一些语言结构和修辞手法，引导学生把自己的思想、感受、体验、想象等准确、精练、生动地表达出来。通过这些活动，让学生对语文充满感情，更好地理解、运用和创造语言。其次，语文写作教学还要重视学生的思辨能力和创新能力的培养。要求学生在作文中突出思想性，深入挖掘文化内涵，用自己的想法和独特的思维方式创作出具有思辨性和创新性的作品。要让学生学会在分析的基础上，表达自己的观点，要让学生学会在借鉴的基础上，发挥自己的创造力。最后，在写作教学中也应该注重学科素养

的跨学科运用，提高学生的综合素养。学科素养不仅包括语言、文学方面的素养，还与其他学科的知识密切相关。例如，人文社会学科中的法律、哲学、伦理等可以用来提高学生对人文情感和社会现实问题的认知和思辨；自然科学中的地理、生物学等可以用来培养学生的观察力和感受力。运用这些知识，可以让学生整体理解作文内容，缩小与其他学科领域的差距，培养更全面的语文素养。在语文学科素养的运用中，教师的角色至关重要，教师不仅是知识传授者，还应扮演好引导学生思考和创作的角色。教师可以运用实例进行分析，激发学生创作的欲望，启发学生的创新思维和创作能力。对于学生的作品，教师应尽量给予全面、准确的评价，同时指出不足之处，给予具体的改进建议。不断探寻语文学科素养的内涵和实践路径，将会为学生的语言和思维能力的提升提供更有力的支持。

四、语文学科素养在综合性学习中的应用

目前，综合性学习已经成为语文课程不可或缺的环节之一，是超越课堂教学的学习模式，可以让学生跳脱传统模式，突破书本知识的局限，从生活和社会实践中发现问题、提出问题、分析问题、解决问题。

在综合性学习过程中，第一，教师应明确本学期综合性学习的任务，然后师生共同制定学习主题和学习目标，围绕这个主题目标进行准备。这一阶段可以培养学生发现问题、提出问题的能力，加强学生的问题意识，逐步培养他们的创新思维。第二，根据学习目标和主题实施综合性学习。这一过程可以培养学生听说读写的能力，信息搜集与处理的能力，活动策划、组织、协调和实施的能力等。在这一过程中，如果能够师生一起参与，既可以稳定学生对综合性学习的兴趣，也可以让教师起到表率作用，对提高学习的效率有莫大的帮助。第三，展示学生的学习成果，其实就是对综合性学习进行评价，这时应把过程性评价作为主要方式，终结性评价作为辅助。比如，对于整个参与过程中表现积极的同学给予肯定；对于活动能力比较弱的同学给予鼓励；对于完全不知所措的同学给予帮扶。

总之，综合性学习是一种学习方式，是提升语文核心学科素养的一种全面的手段，这种教育方式可以充分展示学生的智慧、技能和个人特质，并且反映了当下的教育趋势，是具有时代特征的学习方式。

五、结语

综上所述，培养学生语文学科素养的角度可以是多方面的。教师在教学中要时刻具备培养意识，通过积极学习和实践，掌握有效的培养策略和技巧，站在宏观的角度，把语文学科的工具性和人文性结合起来，促进学生全面发展。

课堂实践中提高学生数学素养的实践与探索

广东省梅州市大埔县田家炳实验中学　林雪如

数学素养是衡量一个人在数学领域中的能力和素质的重要指标之一，是指学生在解决数学问题时所表现出来的思维品质和关键能力，具有广泛含义。提高学生数学素养是教育工作者的一项重要任务。

一、数学素养的定义与评价

（一）数学素养的内涵和扩展

数学素养的内涵主要包括数学思想、数学知识、数学方法以及数学应用等方面，而数学素养的扩展则包括数学概念、思维方式、结论推理以及数学学问等方面。评价数学素养的指标体系大体包括数学知识、数学思想方法、数学应用能力、数学情感态度和数学文化素养几个方面。借助这些指标，能够更加客观地评价学生的数学素养。

（二）评价数学素养的指标体系和方法

对学生数学素养的评价，不仅需要了解其内涵和扩展，还需要建立科学合理的指标体系和方法。评价数学素养的指标并不是孤立存在的，而是相互依存、相互渗透的。同时，评价方法需要根据这些指标量身定制，如统考、作业、测验、实验、调查、观察、学生自评、教师评价等，在保证可靠性和有效性的前提下，充分发掘学生数学素养的多样性、历程性和实践性。值得注意的是，在评价中应该高度重视学生的数学情感态度和文化素养，注重培养学生对数学美感的欣赏、文化背景的理解和历史渊源的探究，提高学生对数学的关注度和兴趣度。因此，评价数学素养的指标体系和方法，需要既注重综合性，又注重个性化，保证评价系统的科学性和适应性。

二、教学实践中提高学生数学素养的手段与策略

（一）基于案例分析的数学教学策略

在课堂实践中，提升学生数学素养是教学工作的重要目标之一。针对这个目标，基于案例分析的数学教学策略被广泛应用。通过案例分析，学生可以探究数学概念和知识的本质，从而提高数学思维能力和解决问题的能力。案例分析中，教师可以引导学生掌握数学的基本概念，如分类、比较和关系，激发他们的兴趣和求知欲。同时，教师也要帮助学生掌握基本的数学方法，如算法、推理和证明，从而让他们在解决实际问题时更加得心应手。

（二）融合 STEAM 教育的数学教学策略

在教学实践中，融合 STEAM 教育的数学教学策略被越来越多地应用于提高学生的数学素养。STEAM 教育指的是将科学（science）、技术（technology）、工程（engineering）、艺术（arts）和数学（mathematics）进行融合，通过跨领域交叉探究和解决问题的方式，培养学生的创新精神和实践能力。在数学教学中，融入 STEAM 教育不仅可以激发学生的数学兴趣，还可以拓展学生的视野，增进其对数学知识的理解和掌握。

具体来讲，融入 STEAM 教育的数学教学策略可以从以下几个方面展开：首先，通过表现数学中的研究、探究、解决问题和创造性思维的过程，来激发学生的兴趣。其次，将 STEAM 教育的具体实践融入数学教学中，如利用 3D 打印技术制作数学模型、进行数学游戏和编程等。最后，注重培养学生的实践能力，组织学生参与数学竞赛、实验、社会实践等活动，从而加强数学素养的培养。

除了上述策略外，还需要注意在实施过程中的问题与挑战。例如，在开展STEAM 教育与数学教育的融合时，教师需要具备跨领域的教学能力和知识背景，同时需要具备创新意识和实践能力。此外，评价策略的制订也是一个需要关注的问题，需要制订科学有效的评价方法，客观地评价学生的数学素养提升的成效。

总之，融合 STEAM 教育的数学教学策略在提高学生数学素养方面发挥着越来越重要的作用。教师应该注意策略的实施、过程中遇到的问题与挑战和评价体系的设计，从而更好地促进学生数学素养的全面提升。

三、提升学生数学素养的成效评价

（一）实验设计和数据统计方法

实验设计是评估提高学生数学素养策略成效的重要环节。在设计实验时，首先要拟定实验目的、实验对象并设置实验组与对照组。针对提高学生数学素养的策略，实验目的应具体明确，如通过案例分析策略提高学生解决数学问题的能力等。实验对象应选择符合要求的年级、课程和学生。实验组和对照组的设置需要根据具体策略决定，例如案例分析策略中，实验组可以在课堂中进行案例分析，而对照组则在课堂中继续传统授课。

数据统计方法是对实验结果进行量化评价的重要手段。常见的量化指标包括学生数学素养水平的提高程度、策略的适用性和效果等。其中提高学生数学素养水平的指标可以通过课堂表现、作业成绩、测试成绩等进行评测，而策略的适用性和效果则可以通过问卷调查、访谈等方式进行评估。

实验设计和数据统计方法只是实验评估的基础，仅有结果呈现是不够的，还需要进行结果分析与讨论。通过对比实验组和对照组的数据结果，分析实验是否达到预期目的，并进一步讨论实验成果的意义、局限性以及改进方向等内容。通过充分的数据分析和深入的讨论，提高学生数学素养的策略才能够更好地落地实施，实现实际教学效果的提升。

因此，秉持科学严谨的实验设计和数据统计方法以及对实验结果的充分分析与讨论，是实现策略有效性验证和提高教学质量的关键环节。

（二）分析实验结果与讨论

采用实验设计和数据统计方法，对教学实践中提高学生数学素养的手段与策略进行成效评价。在实验操作中，从教学目标明确、教学内容设计、教学方法选择等方面入手，制定了融合案例分析和 STEAM 教育的数学教学策略，并在教学实践中进行了有效实施。通过对学生数学素养的考核评测和测试分析，得出了以下几方面的实验结果。

1. 学生数学素养基础得分显著提升

在实验前和实验后对学生数学素养基础得分进行测评统计，发现实验后实验组和对照组得分均有所提高，但实验组提升效果更为明显。实验组学生的数学素养得分提高了约20%，且有近半数学生的素养得分提高值超过了全年级平均提高值。

2. 学生数学思维与创新能力得到积极培养

通过实验操作，发现融合案例分析和 STEAM 教育的数学教学策略能够极大地提高学生的数学思维能力和创新能力。实验组学生在解决复杂问题时，更加具有独立思考和动手实践的能力，同时也能够融合自然科学和工程技术的思维方式来解决问题，具有更强的创造性。

3. 学生对数学的兴趣和信心得到提升

以前，许多学生对数学的学习充满了畏惧和抵触情绪。但是，在教学实践中，笔者发现多样化、有趣的教学设计可以帮助学生产生更多的兴趣。实验组学生更加积极主动地学习数学，对数学知识和技能的掌握更为牢固，且产生了对数学的信心。

综上所述，融合案例分析和 STEAM 教育的数学教学策略是一种有效提高学生数学素养的方法。此外，合理的教学目标、科学的教学内容设计和多样化的教学方式选择，也是提高学生数学素养的关键。

四、结语

在本文中，我们探讨了如何在课堂实践中提高学生的数学素养。数学素养的内涵和扩展范围很广，评价数学素养的指标体系和方法也有很多种，需要我们认真研究和分析。在教学实践中，我们提出了两种数学教学策略，即基于案例分析和融合 STEAM 教育。这些策略可以有效地提高学生的数学素养，但是需要针对实际情况进行灵活的调整和实施。在实验设计和数据统计方面，我们需要注意合理性和可操作性，并从实验结果中得出可靠的结论。最后，笔者希望通过总结本文的研究成果，为今后更好地提高学生的数学素养提供有益的参考。

参考文献

[1] 陈宇．基于数学核心素养理念的初中数学课堂教学实践探索［J］．文理导航，2021（14）：15－16.

[2] 陈芳红．重视生活联系 活化数学课堂教学［C］．2014 年全国教师教育探索与实践经验交流会，2014.

[3] 张敏桃．在综合与实践课中提升学生的数学素养［J］．师道：教研，2017（5）：127－128.

浅谈教学改革下高中数学建模的教学优化研究

广东省梅州市大埔县田家炳实验中学　刘芳

为了优化高中数学建模教学，发挥数学建模的优势，让学生以数学建模思想为基础进行数学学习，教师要运用具有针对性的教学策略来革新教法，既要发现目前教学中存在的不足，还要发挥不同教法的优势，为所授班级选择合适的教法，优化当下的数学建模教法。

一、目前高中数学建模的教学现状

受应试教育的影响，传统的高中数学教育更倾向于以知识为主体，让学生不断积累知识，通过刷题来"记忆"做题步骤。该模式不仅不利于分层教育，一大部分学生的数学素养得不到高质量的提升，还让学生感觉数学学习枯燥与乏味。随着新一轮教学改革的推进，数学建模作为数学六大核心素养之一得到了教师的重视，然而没有适合的教法搭配素质教育，使得目前高中数学建模的课堂出现了以下几个问题。

学生数学思维固化与建模意识模糊，该问题是长期以来的传统教法引起的弊端，即先教知识，再教习题。单一的教学模式让学生在学习新课与做题时首先想到"老师是否讲过"，对新知识死记硬背，一旦碰到变形题便没有"准确的思路"进行解题；建模模型单一，通常高中数学建模的模型选自书中的例题，书中例题固然经典且实用，但新高考的出现弱化了书中例题的影响，即高考题中的例题是对知识的灵活转变，建模能力强的学生能轻易地完成该类高考题，而建模能力一般的学生则会因此影响到做题心态，导致发挥失常；数学建模方面的评价不完善，导致教师无法全面地发现学生数学建模素养的不足之处，长此以往不利于学生的深度学习。

综上，教师要顺应教学改革的潮流，运用适合的教法改善高中数学建模的教学现状，发挥数学建模的优势，让数学建模素养带动其他素养共同进步。

二、教学改革下高中数学建模课堂的特点

数学建模作为数学学习能力的外在体现，是培养学生数学思维与创造性思维的有效途径之一，其本身具有适用范围广、易于理解等特点，让学生能够在实际问题与数学模型相互转化的过程中提高数学学习能力。在教学改革的影响下，高中数学建模课堂实现了主体的转变，以学生为主体、侧重学生的"学"成为当下教学的重心，同时得益于教学时长的调整，教师有更多时间与精力研究学生的学习近况，从而制订效果更好的教学计划。在教学改革的背景下，高中数学建模课堂不仅通过多元化模型、趣味化习题的授课减轻了学生的学习压力，还通过构建系统化的活动评价点拨了学生建模思维，引导学生进行深度学习，且通过现代化数学建模课堂的构建推动了高中数学素质教育的落实，让学生能深刻体会到教学改革带来的优势，促进高中数学教育教学质量的提升。

三、高中数学建模的教学优化策略

（一）情境化问题导入，简化假设深入分析

情境化问题导入既是教师讲授新课时运用的高效教法，还是学生预习新课、解析新题的重要方法。教师在教学的过程中要为学生展示如何简化习题、如何运用数学思维进行假设并以此为基础进行深入分析，据此让学生都能在教师的引导下完成习题。同时教师要注重情境化问题构建的合理性，在将现实情境进行数学抽象时要让实际应用题贴合知识点，避免同一应用题知识点过杂导致学生学习效率降低现象的出现。

例如，在进行"空间点、直线、平面之间的位置关系"一课的教学时，该节课的知识点多以文字的形式展现，需要搭配合适的数学模型进行讲解，以防止学生对该节的知识产生迷惘。在实际教学时情境问题的设立可以将观光缆车情境抽象为数学模型，并以此为基础让学生发挥想象力思考类似的数学模型有哪些，如大摆锤、摩天轮等娱乐设施可以简化为点与面的位置关系数学模型，以此根据实际情境引入，让学生理解空间异面的概念。类似的还有"多层楼中的定位"情境模型，即在一座商场中靠手机定位寻找失散的人，首先要让两人在同一楼层，然后教师通过多媒体展示精准的图像，让学生在不同的情境中认识不同的知识点，以此通过情境模型引出该节课的多个公理。

（二）多元化构建模型，点拨学生建模思维

高中数学建模的数学模型部分来源于对书中知识的解析，部分来源于教师对类型题的解析，两种类别的数学模型相互促进，不同的学生对数学建模的理解有所不同，成熟的建模思维既有助于学生快速解析变形题，还可以帮助学生快速消化新知识点。因此教师要注重多元化数学模型的构建，这既是丰富教学减少数学知识枯燥的方法之一，还是跳出固化的思维圈，点拨学生形成建模思维的重要途径。

例如，在"三角函数的应用"一节课的教学中，数学模型较多，教师既可以此为基础改编习题，强调知识的灵活运用，也可以借此增减所给条件与问题，强调知识的多层次展现。如在船只航行的模型中，该模型通常以"南偏西55°、小岛 A"等名词来构建完整的习题，教师可以将该题改编为"船只从岛屿 A 出发要到达岛屿 C，中间的岛屿 B 附近 10 km 充满暗礁，问如何调整航向才不会撞向暗礁。"以此让学生将模型进行数学抽象，最后用该情境的专业术语进行描述。类似的，教师可以改编"观测题"，将该类题型增添问题，如增添条件"小明的身高若为 1.8 m，求塔的实际高度"。

（三）系统化活动评价，培养学生深度学习

系统化活动评价旨在完善数学建模教学活动，让每一阶段的教学都能得到系统的、具有针对性的补充与总结，而阶段性总结作为深度学习的开端，既让教师明晰了各个阶段教学的不足，还让学生能够根据评价进行自主学习。在数学建模方面，系统化的评价更多地体现在学生对实际应用题解析的思路上，即对学生解题思路的深入剖析，摘掉赘余的想法，精简核心步骤，以此提高学生的做题质量，促进数学建模深度学习的落实。

例如，教师可以在课堂教学阶段借助小组加分制鼓励学生发挥想象力创造新的问题情境模型，分数高的小组作业减免，分数低的小组需要擦黑板、增加作业等。在课后自主学习中还可以要求学生将作业在每晚的规定时间内上传至相关小程序，教师可以快速得到作业反馈，既可以发现作业错题率，选择专项教学补足学生的缺点，还可以及时调整教学或给予学生评语，减少师生间的距离感。例如，在"随机事件及概率"一节的教学中，教师可以在网上布置一系列的趣味概率题让学生判断。在数学建模系统化活动评价的过程中借助信息化，教师可以扩展学生数学视野，通过布置多样化的数学趣味习题，让学生在不断的实践中得到锻炼。

四、结语

综上所述，在教学改革的背景下开展高中数学建模的素质教育具有必要性。优化当下的数学建模教法，既提升了课堂教学效率，让学生能以此为基础树立正确的数学观念，还可以与其他数学核心素养相互融合、相互促进，以此让学生的数学思维得到良久的进步，数学核心素养得到全面的发展。

参考文献

［1］田锟. 高中数学建模教学的意义及策略［J］. 教育科学论坛，2022（16）：56－58.

［2］刘嘉悦. 高中数学建模活动课的教学设计研究［D］. 岳阳：湖南理工学院，2020.

［3］关跃. 基于核心素养的高中数学建模课程设计研究［D］. 福州：福建师范大学，2021.

大概念下的高中数学单元教学实践

广东省兴宁市宁中中学　刘继东

一、大概念下的单元教学的定义

大概念下的单元教学以核心素养为取向，以大概念为关键锚点，厘清知识体系，组织单元教学。该教学模式从单元整体出发，对单元内的知识点、各知识点之间的结构、体现的思想方法，以及完成学习任务需要的从属知识技能、与本单元相关的知识和思想方法等进行分析、重组和优化，形成单元主题主线，教师以主题主线为脉络开展教学，让学生有结构、有目标、有关联地学，有利于培养学生的数学核心素养。

大概念下的单元教学脱胎于华罗庚先生的"厚薄法"。华罗庚先生的"厚薄法"分为两个阶段，第一阶段是由薄到厚，就是读书的时候扎扎实实，精读细研，每个概念都要彻底搞清楚，加添注解，补充参考，这样书就变厚了。第二阶段是由厚到薄，就是对书中定理和概念悉心领悟，融会贯通，在总体上把握全书的要点，抓住本质的东西，提纲挈领，厘清脉络，这样，就会感觉书变薄了，因为把知识消化了。显然，"厚薄法"中的"厚"就是大概念下单元教学的高度，教师要全盘考虑下苦功，"薄"就是大概念下单元教学的主题主线，教师要学得通透，融会贯通。

二、大概念下的单元教学的实施

单元教学围绕大概念开展，大概念是有组织、有结构的科学知识模型，它反映学科的本质，指向学科核心内容和教学核心任务。对大概念的凝练与构建，能将知识统整为有意义的集合体，形成知识结构，为学生提供认识的框架，帮助学生认识世界和理解世界。

大概念下的单元教学教师应吃透教材，消化教材，抓住单元主题主线。大概念下高中数学单元教学的一般流程为：

（1）研读教材和普通高中课程标准，分析单元中各章节的主要内容，对单元内容进行本源性的思考，从单元的高度考虑课时教学及课时分配。

（2）根据单元教学内容和教学需要确定单元主题主线，单元主题主线可以是某个数学概念或核心知识点，也可以是数学思想方法，还可以是某个核心素养，围绕单元主题主线确定教学内容，最好把单元主题主线内容与知识点的联系画成知识结构图。

（3）学情分析。教师要了解学生学习心理、认知水平、基础知识与技能的掌握程度、学习能力与学习特点。如学习该单元学生已有的知识背景（包括知识技能和方法）、生活经验和学习经验、可能遇到的困难等。

（4）从整体上明确单元教学目标，教材编写意图，从整体上明确学生要学习哪些内容，要培养学生哪些能力和素养，要帮助学生获得怎样的学习体验，结合学情写出单元教学设计和课时教学设计。

（5）评价反思。课堂教学过程中要提问，以检测不同层次学生对教学内容的理解掌握程度，单元教学完成后进行单元测试，评测教学效果，教师应及时反思、改进，提高单元教学质量。

三、大概念下的高中数学单元教学实践

案例 1：从"圆锥曲线"单元高度出发，弦长公式在解决直线与圆锥曲线相交、求弦长这一类问题中是很好的通式通法，可以把整个圆锥曲线的内容很好地串联起来，因此，虽然课本上没有给出弦长公式，但教师应该抓住弦长公式这条隐藏的主题主线，贯穿单元教学的始终。如"3.2.2 双曲线的简单几何性质"。

例 6：如图 13 所示，过双曲线 $\dfrac{x^2}{3} - \dfrac{y^2}{6} = 1$ 的右焦点 F_2，倾斜角为 30° 的直线交双曲线于 A，B 两点，求 $|AB|$.

解：由已知，得两焦点分别为 F_1（-3，0），F_2（3，0）。

因为直线 AB 的倾斜角为 30°，且过右焦点 F_2，

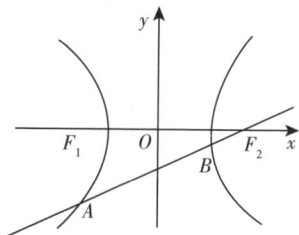

图 13

所以直线 AB 的方程为 $y-0=\dfrac{\sqrt{3}}{3}(x-3)$，

所以 $\begin{cases} y=\dfrac{\sqrt{3}}{3}(x-3)，\\[2mm] \dfrac{x^2}{3}-\dfrac{y^2}{6}=1，\end{cases}$

消去 y 得 $5x^2+6x-27=0$。

解得 $x_1=-3$，$x_2=\dfrac{9}{5}$，回代得 $y_1=-2\sqrt{3}$，$y_2=-\dfrac{2\sqrt{3}}{5}$，

所以 $A(-3,-2\sqrt{3})$，$B\left(\dfrac{9}{5},-\dfrac{2\sqrt{3}}{5}\right)$，

所以 $|AB|=\sqrt{(x_1-x_2)^2+(y_1-y_2)^2}=\dfrac{16}{5}\sqrt{3}$。

课本给出的解法运算量颇大，在回代求 y_1，y_2 时学生普遍感到麻烦，很多学生不能得到正确答案，且知识点支离破碎，前后衔接不佳。

弦长公式：（直线被圆锥曲线截得的线段称为圆锥曲线的弦）直线与圆锥曲线（圆、椭圆、双曲线、抛物线）相交，交点为 $A(x_1,y_1)$，$B(x_2,y_2)$，则 $|AB|=\sqrt{1+k^2}|x_1-x_2|$，$k$ 为直线 AB 的斜率。

补充弦长公式后，极大地减少了运算量，大部分学生可以得到正确答案，这时可以适时引导学生完成课本相关练习。

练习：（1）经过椭圆 $\dfrac{x^2}{2}+y^2=1$ 的左焦点 F_1 作倾斜角为 $60°$ 的直线 l，直线 l 与椭圆相交于 A，B 两点，求 AB 的长。

（2）求直线 l_1：$2x-y-2=0$ 被圆 C：$(x-3)^2+y^2=9$ 所截得的弦长。

接下来"3.3.2 抛物线的简单几何性质"中的例 4 也可以使用弦长公式求解。

例 4：斜率为 1 的直线 l 经过抛物线 $y^2=4x$ 的焦点 F，且与抛物线相交于 A，B 两点，求线段 AB 的长。

法一：先求出直线 l 的方程；将直线与抛物线的方程联立，可以求出 A，B 两点的坐标；利用两点间的距离公式可以求出 $|AB|$。这种方法需要复杂的代数运算。

法二：利用弦长公式 $|AB|=\sqrt{1+k^2}|x_1-x_2|$。

法三：利用抛物线焦点弦公式。

若焦点在 x 轴上：$|AB| = |x_1 + x_2| + p$。

若焦点在 y 轴上：$|AB| = |y_1 + y_2| + p$。

案例 2：从《三角函数》单元整体上看，诱导公式是单元的基本，跟三角函数各种题型都能建立联系，课本上诱导公式一共有 6 组，反映了各种不同形式的角的三角函数之间的相互关系，虽然可结合图像帮助学生理解和记忆，但是实践上看，6 组公式包含了 16 个公式，学生要准确记忆难度很大，基础较差的学生根本无从下手，只能放弃，整个单元在此断裂。其实 6 组诱导公式可概括为一句口诀："奇变偶不变，符号看象限"。其意义为：

$$k = \frac{\pi}{2} \pm \alpha \ (k \in \mathbf{Z}) \ 的三角函数值$$

（1）当 k 为偶数时，等于 α 的同名三角函数值，前面加上一个把 α 看作锐角时原三角函数值的符号；

（2）当 k 为奇数时，等于 α 的异名三角函数值，前面加上一个把 α 看作锐角时原三角函数值的符号。

诱导公式是三角变换的基本公式，其中角 α 可以是一个单角，也可以是一个复角，应用时要注意整体把握，灵活变通。

诱导公式口诀虽然课本上没有出现，但教师应该以弦长公式口诀作为单元教学的主题主线，从实践上看，补充口诀后，大部分同学都能正确应用诱导公式，效果显著，接下来的化简、求值、求特殊角的三角函数值等问题都可以迎刃而解。

四、结语

大概念下的单元教学要寻找课时之间的联系点，这就需要教师将整个单元进行整合，在备课时对单元知识结构图与功能分析进行完善，并将其中的思想准确地传达给学生，让学生对整个单元的脉络有更清晰的认识，使学生在学习的过程中达到事半功倍的效果。实践证明，大概念下的单元教学是核心素养落地的有效策略，这为教学指明了新的研究方向。但是我们可以看到，大概念下的单元教学，目前来看还是一项极为繁杂的活动，靠个人力量会非常吃力，需要依靠团队共同商讨才能做到更加全面准确。

参考文献

［1］吕增锋．高中数学大概念的内涵及提取［J］．中小学教师培训，2021（7）：53－55.

［2］聂亚芝．指向核心素养培育的高中数学单元教学设计与实践［J］．数理化解题研究，2022（18）：46－48.

［3］中华人民共和国教育部．普通高中数学课程标准（2017年版）［M］．北京：人民教育出版社，2018.

［本文系广东省教育科学规划课题"深度学习下高中数学大概念课的实践研究"（项目编号2022YQJK403）阶段性成果］

新课标下高中信息技术教学中学科
核心素养培养的几点尝试

——学历案在山区中学信息技术教学中的应用探究

广东省梅州市大埔县田家炳实验中学　蓝菊

2021年9月习近平总书记在陕西考察时提出，孩子们要全面发展，做社会主义建设者和接班人，成为对社会有用的人，成为国之栋梁。2020年5月，教育部印发《普通高中信息技术课程标准（2017年版2020年修订）》（以下简称"新课标"），其中对高中信息技术课程设计提出了总体目标，要求课程设计通过多样的技术和数字化环境，帮助学生在掌握数据、信息系统、信息社会等学科概念的基础上，进一步了解信息系统的基本原理，并学会运用信息技术分析和解决现实问题。研读新课标，探索山区学生的信息技术教学，培养学生的信息意识、计算思维、数字化学习与创新、信息社会责任等四大核心素养，是山区高中信息技术教师当下的重任。

新课标下，帮助学生在知识习得的过程中获得思考、分析、解决问题的能力比"学会多少知识"更为重要。以往的学习中，学科核心素养的缺失关键在于对学生学习经验认识的缺位，即学生未能经历有指导、有挑战、高投入、高认识的学习过程，并获得有意义的学习结果，而如果学习结果对学生而言缺少个人意义，自然不可能内化为素养。核心素养的重要表征是让学生学会"做事"。做事不能光凭知识，更需要经验。学科核心素养要求学生学会在特定情境中运用所学知识、方法与观念去解决问题或完成具体的某项任务（做事）。这样的学习不只是积累知识，更是建构经验。因此，学习经验促使教学设计从教案走向学历案。

学历案是指教师在班级教学情境下，围绕某一具体学习单位的主题、课文或单元，从期望学生学会什么出发，设计并展示学生何以学会的过程，以便学生自主建构经验、知识的专业方案。一份完整的学历案就应该是一个完整的学习故事或课程单元，它至少需要包括学习主题/课时、学习目标、评价任务、学习过程（资源与建议、课前预习、课中学习）、作业与检测、学后反思6个要素，每一个要素都有详细的编写指南。

下面，以粤教2019年版信息技术必修一《数据与计算》第三章第2节"算法及其描述"为例介绍笔者在山区高中信息技术教学中培养学生学科核心素养的几点尝试。

一、大单元跨学科课程设计思路

"算法"是一节非常经典的课程，想要创新其实是非常困难的。如何诠释好"算法基础"这节单元课，我们选择了从生活中来，到生活中去。数学问题是学生学习中经常接触的知识，让学生能直观地感受到算法与学习生活的直接联系，所以我们进行了跨学科融合，选择以程序设计解决计算量大、重复计算等数学问题为项目的大单元项目式学习，将其嵌入我们学科的第三章、第四章，进行跨学科的大单元学习。

第三章从生活中学生比较熟悉的数学问题入手，由最初的一元二次方程入手，让学生体验计算机程序解决计算量大、重复计算等数学问题的优势和过程，激起他们的学习兴趣，再从韩信点兵（1个循环）、鸡兔同笼（2个循环）、百钱百鸡（3个循环）三个数学问题引导学生从数学思维逐渐过渡到计算思维，为下一章节的循环及循环嵌套作铺垫，同时也为解决非方程数学题使用的逻辑分析能力作铺垫，过程中使用了自制的简易算法分析表和学历案以辅助学生学习。第四章则是将第三章的算法流程图转换成代码，实现用计算机程序解决数学问题的效果。简易算法分析表和规律见表2。

表 2

类型	题目			规律
	韩信有一次带兵打仗，打完仗后剩余 600 多人，清点人数时，3 人站一排多 1 人，5 人站一排多 1 人，7 人站一排还是多 1 人，剩下的士兵有几人？	鸡兔同笼，上有 35 个头，下有 94 只脚，鸡兔各有几只？	现有 100 文钱，想买 100 只鸡，三种都要有，刚好用完 100 钱，公鸡 5 文钱 1 只，母鸡 3 文钱 1 只，小鸡一文钱 3 只，如何买？	
常量（包括输入的常量）	无（即 0 个）	2 个，设头总数 $a=35$，脚总数 $b=94$	5 个，鸡的数量 $a=100$，总价钱 $b=100$，鸡的单价 $c=5$，$d=3$，$e=1/3$	若有，须先进行赋值
变量	1 个，设总人数为 x	2 个，设鸡的数量为 x，兔子的数量为 y	3 个，设公鸡数量为 x，母鸡数量为 y，小鸡数量为 z，	若有，通常是循环结构
变量取值范围	$x>=600$ and $x<700$	$x>=1$ and $x<a$，$y>=1$ and $y<a$	$x>=$ and $x<20$，$y>=$ and $y<33$，$z>=$ and $z<100$	最小值须先赋值，最大值是循环结束条件
变量验证条件	$x\%3==1$ and $x\%5==1$ and $x\%7==1$	$x+y=a$ and $2*x+4*y=b$	$x+y+z=a$ and $c*x+d*y+e*z=b$	若有，通常是选择结构
所求的值	x	x，y	x，y，z	程序要输出的内容

二、学科核心素养培养的路径

（一）设计单元学历案

学科核心素养的培养过程具有阶段性、连续性、整合性的特点。以课时为单位的教学设计未能将单元作为整体组织学习，影响阶段性；缺乏课时与课时之间的衔接，影响连续性；缺乏一个单元内容的整体架构，影响整合性，导致知识的碎片化。实现素养目标，教学方案可以打破"知识点 + 课时"的传统设计，从"课时"走向"单元"，"单元学历案"是按单元设计的。

　　单元学历案是指从学生的角度出发，教师为学生的知识点学习、以单元为单位开发的一种学习方案。它包括单元名称、课时安排、学习目标、学习资源、评价任务、学习过程、作业与检测、学后反思 8 个要素。学习目标是明确学生要学会什么；评价任务用以判断学生学会了没有、掌握到什么程度；学习过程应设计如何让学生在学习、真学习、有深度地学习；作业与检测要全面、系统地考查学生的目标达成情况，一方面评价学生的学习效果，另一方面帮助学生巩固提高；学后反思是提供给学生一个支架来管理学习，梳理知识，形成知识图谱，感悟思想方法，最终通向素养。

　　结合本校学生实际情况，笔者的"算法基础"单元学历案以运用程序设计解决计算量大、重复计算等笔者数学问题为大任务，分为"你愿意接受挑战吗？""你需要学会什么？""你将学会什么？""给你支招""学习进程""作业与检测""单元学后反思"七个部分进行设计，任务和作业设计皆为半成品设计，以降低学生学习的难度，培养学生的计算思维和深度学习能力。"算法及其描述"一课知识结构如图 14 所示。

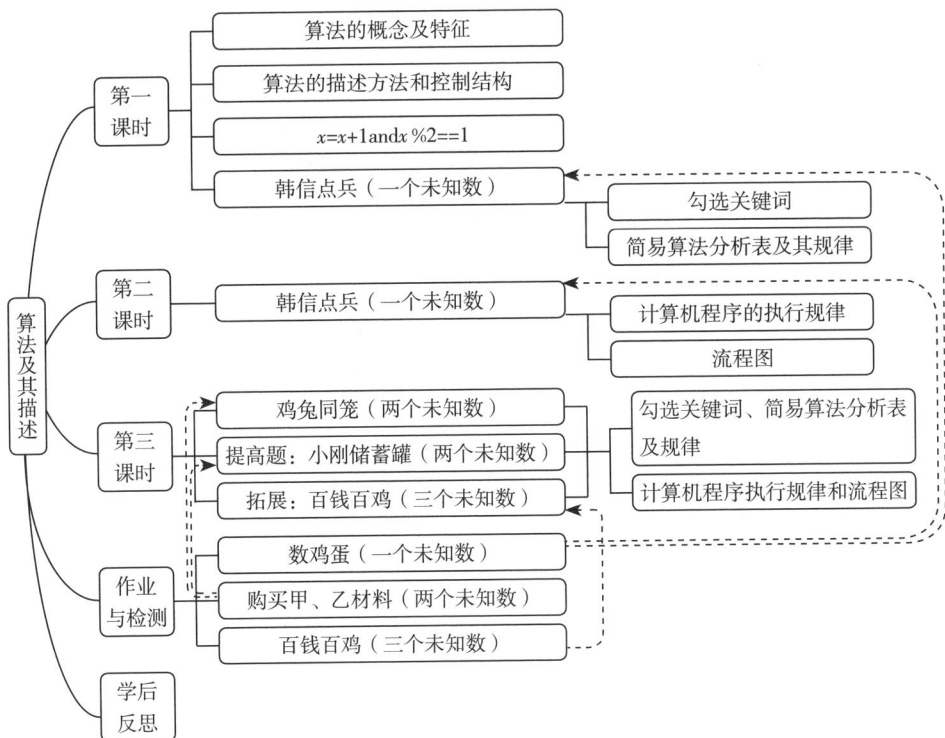

图 14

（二）构建数字化学习资源库

学历案是以丰富的学习资源作为载体的。现代社会学生可以通过课本、课外书籍、网络等各种渠道获得包括文字、声音、视频等各种资源，而教师作为学生学习资源的构成者、咨询者、指导者、提供者，对学生在学习中学习资源的选择行为上具有重要的调控作用。面对众多资源，教师可以结合学情有针对性地为学生提供可供选择的学习资源，对提高学生根据学历案学习的质量，拓宽学生的学习空间，减少无意义的学习时间浪费等具有重要意义。

在实际教学中，笔者选择了运用适合本校的数字化学习平台和自制数字化学习资源辅助学生学习，学习过程中有意识地培养他们的信息意识、数字化学习与创新能力。

1. 选择适合的数字化学习平台

近几年，我县大力推进教育资源云公共服务平台，为每位师生提供免费服务，因此笔者使用它作为数字化学习平台，丰富适合的数字化学习资源，引导学生结合学历案进行学习、检测等，较大的文件使用百度网盘作为补充。（图15）

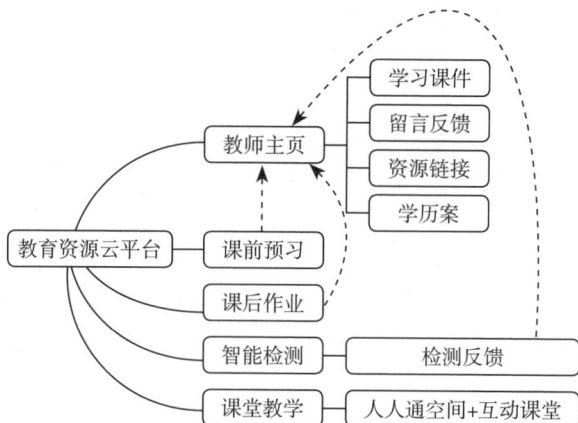

图 15

2. 自制数字化资源

山区高中学生信息技术基础薄弱，如何有效地进行信息技术学习，需要教师结合学生实际情况设计、制作适合的数字化学习资源，帮助学生进行有效的学习。"算法及其描述"结合学生实际，设计了"韩信点兵流程图""鸡兔同笼流程图"等多个微课供学生学习。（图16）

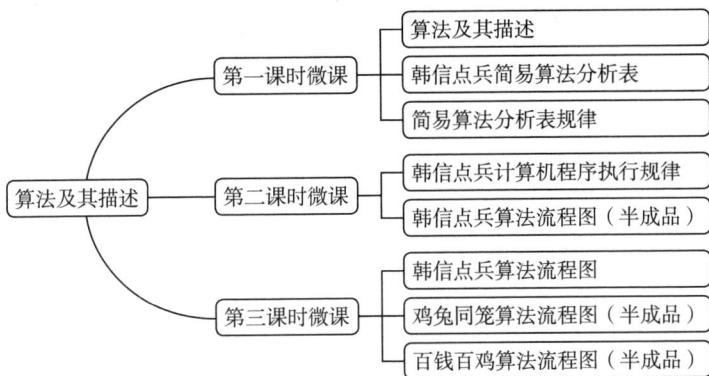

图 16

3. 基于学历案的教学应用

基于学历案的教学基本课型主要有五种，分别为对话型（学生自学学历案＋同伴交流问题＋师生对话解答）、合作型（小组按学历案合作完成任务＋全班交流与分享＋教师点评再提炼）、自主型（学生根据学历案自学＋教师或同伴过程指导）、指导型（教师根据学历案导学＋个体或小组学习＋教师总结）和评价型（教师分享结果标准＋学生按标准自我监测学习＋学生自评或互评）。

结合我校学生的实际情况，我在数字化学习资源的支持下选择了对话型＋合作型进行大单元项目式教学，先学后教、以评促学、以学定教，拓展时适时进行计算机解决实际问题时需注意的信息安全问题教育，培养学生的合作意识、计算思维、数字化学习与创新能力和信息社会责任意识。教学路径如图 17 所示。

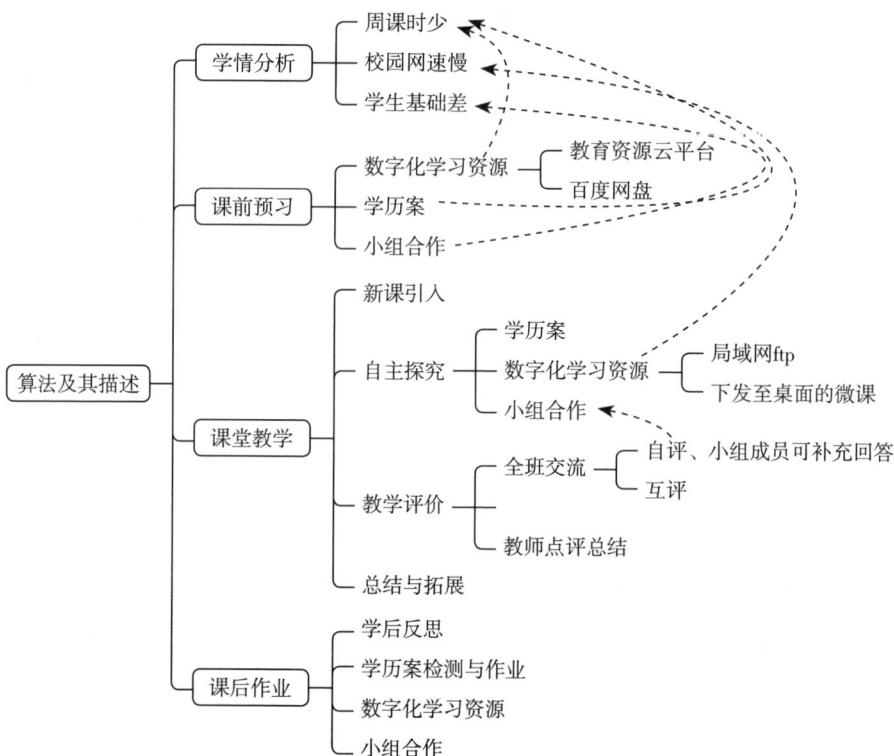

图 17

三、教学反思及注意事项

（一）教学反思

我校地处山区，虽然学生的基础薄弱，实践过程中也走了一些弯路，但基于适合学情的学历案和小组合作学习，在任务驱动和多元化评价方式的压力下，学生的自主学习能力得到一定的发展，也培养出了一定的批判性思维，反过来，对教师的课堂教学和课程设计能力也提出一定的要求。这让我对如何落实学科核心素养有了一些心得和体会，未来还需继续努力。

（二）注意事项

1. 学情分析的重要性

无论是课程教学设计、学历案设计，还是课堂教学设计，都离不开学情分析，唯有结合实际情况，方能找到适合的教学评一致性教学模式，促进学生核心素养的培养。

2. 教学引导的重要性

学生的实际情况和接受能力都不一样，除了课程和教学的设计，在引导时，要有足够的耐心，多方位、多角度地进行辅导。在学生小组合作、自主探究的时候，要走进学生中间，起到及时、有效的引导作用，帮助他们总结和掌握技巧。

学历案在教学中的应用，让教师的备课从"教之案"转向了"学之案"，进而重构教学方案的"形"与"质"，有效连通了核心素养与教学实施之间的断层。在实践过程中，我深切体会到，唯有建构以学为中心、聚焦学习者"何以学会"的学习经历的完整过程设计，贯彻"教—学—评"一致性，推动学习方式的转变，才能在教学中有效地落实学科核心素养。

参考文献

［1］ 中华人民共和国教育部．普通高中信息技术课程标准（2017 年版 2020 年修订）［M］．北京：人民教育出版社，2020.

［2］ 崔允漷．学历案：学生立场的教案变革［N］．中国教育报，2016 – 6 – 9（6）.

［3］ 卢明，崔允漷．教案的革命：基于课程标准的学历案［M］．上海：华东师范大学出版社，2016.

高中物理课堂中学生核心素养的培养策略

广东省梅州市大埔县田家炳实验中学 史贞莉

在全方位深化推进新课改的大时代背景下，高中学校纷纷倡导围绕学生终身学习、可持续性发展来展开教学活动，进而有效促进他们成长。物理学领域的核心素养多指的是在以后的社会生活中，学生能够顺应时代的发展所需要的有关的基本能力、道德品质。当前，高中物理教学旨在让学生可以在生活实践中灵活运用所学知识解决实际问题，所以，广大教师应打破以往的教学方式，大力培养学生的探究思维、分析能力，以保障他们可以真正将所学知识和现代社会、科技发展情况联系上，进而营造起高效、融洽的教学环境。

一、高中物理课堂中学生核心素养的基本培养原则

首先，实践性原则，是指教师在平时的教学中要营造科学、有效的教学情境，来充分引导学生从实践中掌握更多、更有效的探究物理现象的方法，进而不断充实他们的学习体验。其次，发展性原则，是指在教学中大力培养学生的物理探究思维能力，并鼓励他们将这样的能力进一步发展至课堂之外，并自主地发现、思考、解决问题。最后，整体性原则，是指在物理学科领域的各个知识点均具有一定程度的联系，所以，在培养学生整体核心素养中也应注意核心概念，让师生之间也可以协调统一，保持合作关系。

二、高中物理课堂中学生核心素养的培养策略

（一）精心创设教学情境，培养思维能力

在物理核心素养中，思维能力是很重要的内容。在当前的教学中，许多学生欠缺发现、分析、解决问题方面的能力，主要的原因就是教师在组织教学活

动时欠缺对学生进行引导。结合学生的实际情况来精心创设教学情境，能够帮助学生更有效地理解物理知识。在物理教学中，高中教师为了培养学生良好的思维能力，便应从学生的认知水平出发，精心创设教学情境，让其仿佛身临其境，更有效地学习知识，锻炼其自身的思维能力。

比如，在学习"惯性"的有关知识时，教师便可结合实际的课程内容，借助多媒体播放生活中的行驶车辆减速等场景来精心创设教学情境，引导学生大致了解惯性方面的基础知识。具体的，教师还可结合"惯性原理是如何体现的？是怎样产生惯性的？"等问题，来吸引学生的注意力，让其产生探究的欲望。如此这样，引导学生自主探究、分析问题，便能够帮助他们更加深入地展开思考活动，并提升他们的思维能力，发展他们的物理核心素养。

（二）结合物理原始问题，培养发散思维

高中教师在核心素养下展开物理教学，需要通过有效的方法来帮助学生集中注意力，进而发散他们的思维。其中，教师也应公平公正地看待全体学生，更多地关爱他们，让学生在轻松、愉悦的课堂气氛下学习，并擅长和学生有效沟通，真正教会他们正确的学习方法、策略，借助问题来调动他们的学习兴趣和探究欲，让其能够发散自身的思维。教师唯有立足物理现象，从学生的实际情况出发来设计对应的原始问题，方才能开发他们的物理思维，让其可以更积极、主动地思考、分析、解答问题，并为他们形成、发展自己的核心素养打好基础。

比如，在学习"自由落体运动"的有关知识时，教师为了帮助发散学生的思维，便可以从课程教学的内容出发，面向他们提出以下这样的问题：两位小朋友正在一起开心地玩耍，突然其中一位小朋友提出在屋子里将窗户打开，并且往对面的湖水中直接扔石子，比一比谁扔出的石子会产生更大的声音。此时，家中的大人回家了，并且批评了他们。试问，小朋友们哪里做错了？教师结合以上这样的问题，便能够引发学生联系自由落体运动原理的本质来思考、分析这一事件，进而发散他们的思维，让其顺利解答这一问题。在这堂课上，教师借助问题来培养学生的整体核心素养，能够引导学生的发散思维，使学生深入思考问题，并初步形成一定的核心素养。在后续解决问题的时候，学生便可从物理的视角来展开分析活动，并提升自己的物理思维能力。

（三）基于物理实验，培养科学思维、态度

在高中物理的各项核心素养中，科学思维、态度是很关键的组成部分。实验是物理教学中很重要的一个部分，既有助于学生记忆、掌握知识，也有助于学生形成更科学的态度、思维，所以，高中教师在平时的物理课堂上，也应注重借助物理实验来有效培养学生的科学思维和科学态度，并为他们留出充沛的自主实验时间，让其能够更踊跃地参与实验过程，以真正探究、掌握物理实验的本质，并帮助他们形成科学的思维、态度，让其不断提升自己的实践能力。

比如，在学习"牛顿第二定律"的有关知识时，教师便可科学设置有关的实验，来有效培养学生的物理科学思维、态度。其中，教师可积极引导学生深入思考问题：倘若忽视了对物体摩擦力方面的影响，则物体实际的质量、运动与施加在物体上的力之间有无一定程度的关联性呢？这样学生便会深入思考这一问题，并且在教师的正确引导下进行相关的实验活动。在具体实验的过程中，教师还应尽可能地让学生展开合作探究活动，并自主完成实验，推导出质量、力与加速度之间的联系。这样借助物理实验来进行教学，既可以很好地提高教学效率，也可以让学生在有关问题的驱动下发展自己的思维能力，并帮助他们形成更科学的思维、态度，进而有效提升他们的物理核心素养。

三、结语

总之，在高中阶段，有效培养学生的整体核心素养，可以帮助他们深入理解物理知识，形成科学的价值观。所以，高中教师在物理课堂中应从学生的实际情况出发，通过有效的策略，来培养学生的整体核心素养，进而达到立德树人的效果，让其成长为社会所需的人才，并为建设祖国贡献力量。

参考文献

［1］李光亮．高中物理课堂中培养学生质疑能力的教学研究［J］．理科爱好者（教育教学），2021（5）：65－66．

［2］王立忠．高中物理教学中学生核心素养的培养策略［J］．甘肃教育，2019（15）：172．

［3］郑筑．浅议高中物理教学中学生核心素养的培养策略［J］．新课程（下），2018（8）：230．

问题驱动式教法下高中数学
建模高效课堂的构建

广东省梅州市大埔县田家炳实验中学　汤小端

高中数学建模具有形式多样化、教学难度偏大、知识面广的特点，而将实际问题与数学问题相互转化既是数学建模教学的核心，也是教学重难点之一，既需要学生发散思维，寻找合适的数学模型，还要分析转化的可行性。因此，在实际教学中为了提高数学建模的课堂教学效率，教师要寻找适合所教班级、所授内容的教学策略，以此构建高效的教学课堂。

一、新课改背景下高中数学建模高效课堂的价值

在高中数学中，数学建模作为一种新式数学思路，可以有效地解决数学知识抽象、解题步骤复杂的难点，但受限于教学时长与应试教育的培养，学生数学思维有所欠缺，不仅出现了想象力匮乏、思维固化等现象，还对数学产生了畏难心理。而在新课改的背景下，随着学科核心素养的出现，得益于教学模式的革新，数学建模作为六大数学素养之一得到了教学的重视。建模思想的出现减少了学生对数学的畏难情绪，让学生在学习的过程中收获知识的积累与思维的进步，同时增加了对数学的兴趣。

在实际教学中，数学建模不仅是对基础知识的灵活运用，更是解决实际问题的重要思维模式，且现如今的数学习题更多是以实际应用题的形式出现，应用题旨在让学生发现生活中的数学规律，提高学生做事的科学性与可靠性，而较强的建模思维则有助于提高学生的做题效率与质量。构建高效的数学建模教学课堂，可培养学生的创造性思维与数学建模能力，既能活跃学生的思维，还

能激发学生对数学的兴趣，使他们形成有条理的知识框架与做题模式，提高了复习课的效率与习题的准确率。数学建模的价值对于高中数学是多个方面的，因此，教师要致力于打造高效的数学建模教学课堂，突出高中数学建模素养的优势。

二、问题驱动式教法融入高中数学建模课堂的意义

相较于先学知识、再做习题的传统教学模式，问题驱动式教法则是以学生为主体、以问题贯穿课堂的教学模式，优势在于能够让学生在求知欲的引领下自主学习，提高了学生在学习过程中的参与度，从而既加深了学生对知识的印象，还强化了其数学学习能力，活跃学生的数学思维。将问题驱动式教法融入高中数学建模课堂，在学生方面满足了以学生为主体的要求，让学生在问题的引导下不断活跃思维；在知识方面满足了实际问题与数学问题的互相转化，让学生形成了"透过现象看本质"的做题模式。契合的教法对构建高效数学建模课堂起到了事半功倍的作用，因此，在教学过程中教师要以问题驱动式教法为基础革新数学建模的教学模式，发挥问题驱动式教法的优势。

三、问题驱动式教法下高中数学建模高效课堂的构建策略

下面以人教版第四章"指数函数与对数函数"为例展开阐述。

（一）情境化引出问题，围绕教学目标突出层次感

情景化问题作为问题驱动式教法的一种，通常应用在新课教授的课堂引入阶段，在设计问题时要注意情境问题根据教学内容的不同而变化，问题的设计必须围绕所授知识。在实际应用时情境问题可借助信息化教具进行趣味化展现，例如，探究不同类别视频片段中蕴含的数学知识，选取题材不限。

例如，在本章节"4.2指数函数"的教学引入阶段，教师可以首先在多媒体上展示动画"栗子馒头分裂"的片段，随后抛出问题"栗子馒头每5分钟会分裂到原来数量的两倍，假设一个栗子馒头的体积为 20 cm^3，那么几个小时后栗子馒头能像动漫中所说填满整个地球呢？"通过趣味问题引入，既让学生认识到所学知识的数学模型，还发散了学生思维，激发了学生的学习兴趣，在后续的教学中教师可借助函数的图像或实际的计算证实猜想。通过"栗子馒头分裂"让学生清晰地认识了指数函数，在后续的问题引入中则可借助书中实际问题引入，强化学生对重要例题的印象。

（二）分析并解决问题，由浅入深增强学生自信心

分析并解决问题是对问题驱动式教法的进一步延伸，旨在教授学生如何分析实际应用题或数学模型，且能根据所掌握的知识灵活地解决问题。相较于问题的成功解决，更注重的是学生做题过程中思维模式的转变，让学生能够在阶段性的问题中不断增强学习的自信心，同时能全面地掌握该类题型。

例如，本章节"4.4 对数函数"的教学中，该节的数学模型多以图像呈现，且具有一道典型题"根据增长率求实际问题"，教师可简化书中练习题以达到由浅入深的目的，如在练习第三题中，在求函数解析式前，教师可要求学生计算第一年的 GDP 为多少，第二年的 GDP 为多少，随后根据对两年 GDP 的计算写出 y 关于 x 的解析式。以此，不仅基础好的同学可以通过先求解析式再求前两年的 GDP 的方式快速解题，基础一般的同学也可以根据阶段性的计算发现规律，从而更好地认识对数函数。还可以在此基础上拓展习题，如第三小问"若 B 地的 GDP 为 3500 亿元人民币，预计未来 5 年的平均增长率为 5.8%，求五年后两地 GDP 的对比"。以此通过革新书中习题，将习题由浅入深化，既通过阶段性问题增强了学生的自信心，还灵活了对所学知识的使用，加深了学生对该类型题的记忆。

（三）结果评价一体化，因材施教注重教学针对性

结果评价一体化是对问题驱动式教法的总结，学业评价作为教学的重要环节之一，其具有生生互评、小组互评、自我评价与教师评价等形式，良好的学业评价对学生的学习具有很强的促进作用。为了明确学生的数学建模能力，发现学生学习的不足，教师要探究结果评价一体化，即通过多角度学业评价对学生的学习近况进行诊断，从而提出具有指导性、促进性的建议，落实因材施教教育理念，让学生在有针对性的学习中提高数学建模能力。

例如，本章节"4.5 函数的应用（二）"的教学中，该节内容应用了大量的实际应用题，丰富了本章知识的使用方式。在实际教学中，教师讲解常见例题后可以布置类似的数学模型，如设问"若银行一年期的存款利率为 3.06%，当存入 1 万元时，计算一年后的存款为多少，第二年的存款为多少？当存款为 y、存期为 x、本金为 a、利率为 b 时，请写出 y 随 x 变化的函数式。"该题既考查了学生对所学知识的掌握，还结合实际问题体现了数学建模思想，同时不同问题的错误率揭示了学生的学习近况，教师从而可以根据错误率设计类似习题或为不同层次的学生提供不同的学业指导，类似的还有"半衰期""人口增长"等例题。

综上所述，问题驱动式教法吻合高中数学建模的特点，既让学生收获了数学学习的方法，还形成了特有的建模思维。在未来的教学中教师要不断革新教法，根据教学内容的改变选择适合的教学策略，期间注重对学生数学建模素养的培养，以此落实新课程理念的要求，最终让学生能够根据所学知识与特有的建模思想，自主解决实际问题。

参考文献

［1］刘尚超．高中数学教学中问题驱动式教学法的措施［J］．数理天地（高中版），2022（17）：76－78.

［2］陈辉忠．培养高中数学建模素养的教学探究［J］．数理天地（高中版），2022（17）：52－54.

［3］杨晓芳．核心素养视角下高中数学建模的教学探索［J］．数理天地（高中版），2022（15）：58－60.

数学运算素养在数量积教学中的实践与探索

广东省梅州市丰顺县华侨中学　危帅

平面向量数量积是平面向量中的一个基本运算，它对解决很多问题都有着重要的作用，它是指两个向量相乘得到的一个数量，以物理中的力做功为背景，其公式为 $a \cdot b = |a||b|\cos\theta$，其中 $|a|$ 与 $|b|$ 分别表示向量 a 与向量 b 的模长，θ 表示它们之间的夹角，若 $a = (x_1, y_1)$，$b = (x_2, y_2)$，则 $a \cdot b = x_1x_2 + y_1y_2$。

一、平面向量数量积的基本运算

前面我们已经学习了向量的线性运算，其结果都是向量，而向量的数量积运算结果是实数，这是我们在教学中要重点强调的。通过数量积运算我们可以计算两向量的夹角余弦值 $\cos\theta = \dfrac{a \cdot b}{|a||b|}$；可以求向量的模长 $|a| = \sqrt{a \cdot a}$；还可以判断三角形的形状；等等。因此，我们在运用数量积公式运算过程中，要求学生正确理解运算对象和使用的数量积定义，准确使用运算法则、计算公式等。下面我们来看看数量积运算中常见的错误。

例1： 已知正三角形 ABC 的边长为2，求：$\overrightarrow{AB} \cdot \overrightarrow{BC}$。

错解： $\overrightarrow{AB} \cdot \overrightarrow{BC} = |\overrightarrow{AB}| \, |\overrightarrow{BC}| \cos 60° = 2 \times 2 \times \dfrac{1}{2} = 2$。

此解法的错误主要是弄错两向量的夹角，应该是 $120°$ 而不是 $60°$，由于对两向量的夹角定义不清楚，造成运算结果出错。

例2： 已知 $|a| = 1$，$|b| = 2$，且 a 与 b 的夹角为 $60°$，求 $|a + b|$。

错解： $|a + b|^2 = a^2 + 2a \cdot b + b^2 = 1^2 + 2 \times 1 \times 2 + 2^2 = 9 \Rightarrow |a + b| = 3$。

此解法的错误主要是对数量积的概念理解错误，把向量的乘法（内积）和实数的乘法弄混淆，忽略了两向量的夹角。

向量数量积与距离、夹角等紧密相关，这个公式的核心在于对向量的模长和夹角的理解和计算，这个核心是理解和应用平面向量数量积的关键，也是数学学习中的基本技能。平面向量的数量积除了基本的运算外，还可以利用数量积公式证明不等式、推导三角公式、解决平面几何等问题。

二、平面向量数量积与两角差的余弦公式

在学习两角和与差的三角函数公式时，对于新教材证明两角差的余弦公式学生比较难理解，运算方法相对较复杂，但利用向量的数量积运算证明两角差的余弦公式则比较简便。

如图 18 所示：在平面直角坐标系 xOy 内，作单位圆 O，并分别作角 α，β，设它们的终边分别与单位圆交于点 P_1，P_2，则 $\overrightarrow{OP_1} = (\cos\alpha, \sin\alpha)$，$\overrightarrow{OP_2} = (\cos\beta, \sin\beta)$。

由向量的数量积运算有：

$\overrightarrow{OP_1} \cdot \overrightarrow{OP_2} = |\overrightarrow{OP_1}||\overrightarrow{OP_2}|\cos(\alpha-\beta) = \cos(\alpha-\beta)$，

而由向量的数量积坐标运算有

$\overrightarrow{OP_1} \cdot \overrightarrow{OP_2} = \cos\alpha\cos\beta + \sin\alpha\sin\beta$，

于是得到两角差的余弦公式：$\cos(\alpha-\beta) = \cos\alpha\cos\beta + \sin\alpha\sin\beta$。

而后我们可以对 α，β 终边不在第一象限时进行补充说明。可以看出上面的推导过程运算简捷易懂，也让我们体会到了数量积运算的妙处。

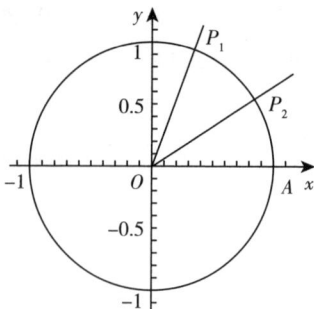

图 18

三、平面向量数量积与余弦定理

平面向量数量积运算对于一些定理的证明也有其独特的魅力，比如余弦定理的证明，新教材即是通过向量的运算证明的，证明如下：

在三角形 ABC 中，设：$\overrightarrow{CB} = \boldsymbol{a}$，$\overrightarrow{CA} = \boldsymbol{b}$，$\overrightarrow{AB} = \boldsymbol{c}$，那么：$\boldsymbol{c} = \boldsymbol{a} - \boldsymbol{b}$，

从而由数量积运算可知 $|\boldsymbol{c}|^2 = \boldsymbol{c} \cdot \boldsymbol{c} = (\boldsymbol{a} - \boldsymbol{b}) \cdot (\boldsymbol{a} - \boldsymbol{b}) = \boldsymbol{a}^2 + \boldsymbol{b}^2 - 2|\boldsymbol{a}||\boldsymbol{b}|\cos C$，

所以 $c^2 = a^2 + b^2 - 2ab\cos C$。

从上面的推导过程学生进一步感受到了向量运算的力量，更看到了向量数量积运算的神奇之处，运用平面向量数量积可以简化证明过程，使得证明更加简捷。

四、平面向量数量积与极化恒等式

在平行四边形和三角形中，平面向量数量积公式还有另外的形式，如下：

$$\left.\begin{array}{l}(\boldsymbol{a} + \boldsymbol{b})^2 = \boldsymbol{a}^2 + 2\boldsymbol{a} \cdot \boldsymbol{b} + \boldsymbol{b}^2 \\ (\boldsymbol{a} - \boldsymbol{b})^2 = \boldsymbol{a}^2 - 2\boldsymbol{a} \cdot \boldsymbol{b} + \boldsymbol{b}^2\end{array}\right\} \Rightarrow \boldsymbol{a} \cdot \boldsymbol{b} = \frac{1}{4}[(\boldsymbol{a} + \boldsymbol{b})^2 - (\boldsymbol{a} - \boldsymbol{b})^2]。$$

我们把 $\boldsymbol{a} \cdot \boldsymbol{b} = \frac{1}{4}[(\boldsymbol{a} + \boldsymbol{b})^2 - (\boldsymbol{a} - \boldsymbol{b})^2]$ 称为极化恒等式，从这个恒等式中

我们看到两个向量的数量积等于 $\frac{1}{4}$ 乘这两个向量和与这两个向量差的平方差，

如图 19 所示，在平行四边形 $ABCD$ 中，有 $\overrightarrow{AB} \cdot \overrightarrow{AD} = \frac{1}{4}[|AC|^2 - |BD^2|]$。极

化恒等式进一步丰富了数量积的运算，同时也使得数量积运算的几何意义更加直观。若我们把平行四边形转化成三角形，则可以得到极化恒等式的三角形模式。

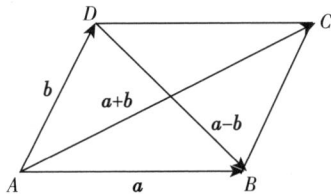

图 19

如图 20 所示，在 $\triangle ABC$ 中，设 D 为 BC 的中点。

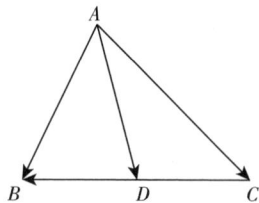

图 20

$$\overrightarrow{AB} \cdot \overrightarrow{AC} = \left[\frac{1}{2}(\overrightarrow{AB} + \overrightarrow{AC}) \right]^2 - \left[\frac{1}{2}(\overrightarrow{AB} - \overrightarrow{AC}) \right]^2$$

$$= \overrightarrow{AD}^2 - \left(\frac{1}{2}\overrightarrow{CB} \right)^2$$

$$= |\overrightarrow{AD}|^2 - |\overrightarrow{DB}|^2 。$$

则$\overrightarrow{AB} \cdot \overrightarrow{AC} = |AD|^2 - |BD|^2$。

三角形模式是平面向量极化恒等式的终极模式，几乎所有的问题都可用它解决。在教学中我们把数量积的运算进行推广，可以让学生对数量积定义的理解更加形象直观，下面我们看一个具体的例子：

例3：在边长为 2 的正三角形 ABC 中，D，E 是边 BC 的两个三等分点（D 靠近点 B），则$\overrightarrow{AD} \cdot \overrightarrow{AE} = $ _____。

解：如图 21 所示，取 DE 的中点 F，连接 AF，

则由极化恒等式可得$\overrightarrow{AD} \cdot \overrightarrow{AE} = |AF|^2 - |DF|^2$。

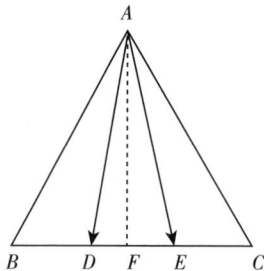

图 21

∵ 正三角形 ABC 的边长为 2，

∴ $AF = \sqrt{3}$，$DF = \frac{1}{2} \times \frac{2}{3} = \frac{1}{3}$，

∴ $\overrightarrow{AD} \cdot \overrightarrow{AE} = (\sqrt{3})^2 - \left(\frac{1}{3} \right)^2 = \frac{26}{9}$。

极化恒等式建立了向量的数量积与几何长度（数量）之间的桥梁，实现了向量与几何、代数之间的互相转化，数量积的定义在解题中的应用更广，公式更加灵活多变，数学运算更加丰富。

五、平面向量数量积与柯西不等式

由数量积的定义 $a \cdot b = |a||b|\cos\theta$ 可得不等式 $|a \cdot b| \leq |a||b|$，这是一个非常实用的不等式，通过构造向量，结合向量的坐标运算，我们可以将一些复杂的不等式证明或求最值问题简单化。

例 4：已知 $\sqrt{5}x + 4\sqrt{5}y = 20$，求 $x^2 + 4y^2$ 的最小值。

这道题解法很多，但计算都较为复杂，如果我们通过构造向量，运用数量积不等式，则可快速得出答案。

令 $a = (\sqrt{5}, 2\sqrt{5})$，$b = (x, 2y)$，则 $a \cdot b = \sqrt{5}x + 4\sqrt{5}y = 20$。

由 $|a \cdot b| \leq |a||b|$ 得：$|20| \leq \sqrt{(\sqrt{5})^2 + (2\sqrt{5})^2} \times \sqrt{x^2 + (2y)^2}$。

则 $4 \leq \sqrt{x^2 + (2y)^2} \Rightarrow x^2 + (2y)^2 \geq 16$，所以 $x^2 + (2y)^2$ 的最小值为 16。

我们再来看看新教材人教版高中数学必修第二册 37 页这样一道题：

用向量方法证明：对于任意的 a，b，c，$d \in \mathbf{R}$，恒有不等式 $(ac + bd)^2 \leq (a^2 + b^2)(c^2 + d^2)$。

这道题是在学完平面向量的数量积和平面向量坐标运算后出现在习题中的，实际上，我们知道这个不等式其实是二维形式的柯西不等式。然而要证明这个不等式，还是有一定的挑战性的，但如果构造向量，通过向量的数量积不等式则可以快速证明，如下：

令 $m = (a, b)$，$n = (c, d)$，由 $|m \cdot n| \leq |m||n|$ 可得：

$|ac + bd| \leq (\sqrt{a^2 + b^2})(\sqrt{c^2 + d^2})$，两边平方得：

$(ac + bd)^2 \leq (a^2 + b^2)(c^2 + d^2)$，得证。

同时我们还可以将此二维形式的柯西不等式推广到 n 维的柯西不等式，即有：

$(a_1b_1 + a_2b_2 + \cdots + a_nb_n)^2 \leq (a_1^2 + a_2^2 + \cdots + a_n^2)(b_1^2 + b_2^2 + \cdots + b_n^2)$

综上所述，数学运算素养在数量积教学中的实践与探索是非常重要的。在数量积的教学中，我们不能只拘泥于课本，应该将数量积的运算推广开来，运用向量数量积证明特殊的不等式，推导重要的结论，解决复杂的几何代数问题，在证明、推导、计算中培养学生的数学运算素养，让学生体会数学运算的神奇和魅力，在实践和探索中提高数学运算核心素养。

参考文献

［1］袁瑶.基于数学运算素养培养的平面向量教学思考［D］.南昌：江西师范大学，2020.

［2］纪晖.浅议高中生"数学运算"核心素养的培养：以向量数量积的教学为例［J］.数学学习与研究，2019（21）：78.

［3］袁印.高中生数学运算能力现状的调查研究：以平面向量为例［D］.天津：天津师范大学，2022.

巧用跨媒介，"悦"读更精彩

广东省梅州市大埔县田家炳实验中学　谢秀容

《普通高中语文课程标准（2017 年版 2020 年修订）》提出"跨媒介阅读与交流"学习任务群，把它列为高中语文课程十八个任务群之一，成为高中语文学习的一个重要内容，贯穿于必修、选择性必修、选修三个阶段，这不仅是时代发展的需要，也是语文学科发展的需要。但对于每一位语文教师而言，这将是阅读教学改革的一次机遇，更是对我们语文教师综合素质的一个挑战。为了更好地落实"跨媒介阅读与交流"这一学习任务群的教学工作，我们课题组开展了县级课题"跨媒介阅读与交流的探究"的实验探究，尝试改变单一媒介阅读的传统阅读习惯，探索在多种媒介互相配合的情境下设置教学目标、组合各种媒介的教学资源、激发学生阅读兴趣、提高阅读效率，从而达到提升学生语文学科核心素养的目的。在一年多的课题实验中，我们大胆尝试跨媒介阅读的各种渠道，在组合多媒介的教学资源中勇于创新教学的方式、方法，运用于语文教学活动中，取得了一定的成效。

一、跨媒介阅读，激发阅读兴趣

北宋宋真宗赵恒《劝学诗》的"安居不用架高堂，书中自有黄金屋"，千百年来激励着多少中华儿女勤奋读书，认真读书。回想当年，曾经年少的我们为了看一本连环画而争得面红耳赤，大打出手；男孩子为了看武侠小说废寝忘食，通宵达旦，女孩子为了追言情小说闭门不出，茶饭不思。然而，现在的学生有多少个还能捧着厚厚的书本伏案阅读，乐不思蜀？以前我曾经举行《三国演义》《红楼梦》读书讨论会，在会上，学生除了在网上摘了一些人云亦云的资料之外，没有一点自己的看法与想法，根本没有任何实际意义。课题组通过调查问卷，深入分析具体的原因，我们发现孩子对阅读古典名著根本没有兴趣，据调查统计，百分之九十以上的学生根本没有看完这些书。因此，缺乏了阅读的积累，学生的阅读在语文课上仅仅为了完成教师的任务，也就显得苍白无力了。

在开展"跨媒介阅读与交流的探究"课题实验探究以来，我与各位课题组的教师一起以跨媒介阅读这一种新颖的阅读形式，顺应在动画片与游戏中长大的学生的阅读心理，引导学生正确地采用阅读方法，开展集文字、图片、动画、视频为一体的跨媒介阅读，激起了学生的浓厚兴趣。例如，在举行《三国演义》读书讨论会之前，我先了解学生的实际情况，发现不少同学喜欢玩"三国"的游戏，我就将阅读与游戏有机地结合起来形成跨媒介融合阅读，让学生既能够享受游戏的快乐，也能够感受阅读的乐趣，然后再开展"曹操人物性格探究""空城计的历史真相探究""关羽人物形象探究"等小组合作探究活动，让学生自主合作，兴趣盎然地在跨媒介阅读中找到答案。学生在跨媒介阅读与交流活动中深入探究文本内容，以一种审慎思维的态度对前人的作品进行辩证地思考，产生新的观点，形成自己独特的情感体验，从而达到培养学生语文核心素养的目的。

二、跨媒介阅读，提高阅读能力

21 世纪是一个信息爆炸的时代。生活节奏快、办事效率高、媒体发达、竞争激烈，似乎成了这个时代的共性。报纸、书籍已经逐渐被网页、手机 App 所取代，过去深层次、沉浸式的阅读也逐渐被快餐式、碎片化的阅读所取代。在这个信息化的时代，广大的学生课业繁重、学习紧张，几乎抽不出时间到图书馆借阅传统的经典书籍阅读，更愿意随时随地地进行阅读，从手机、电脑获取信息、获得知识。如果跟不上这个时代的脚步，必将被这个时代所淘汰，我们教师也不例外。因此，我们应该及时转变观念，紧跟时代的步伐，从学生的实际出发，采用跨媒介阅读的方式满足学生的阅读需求，提高阅读的效率。例如，在《红楼梦》整本书阅读的指导中，我们可以通过组织学生欣赏影视作品，激发阅读兴趣；通过组织微信群等方式师生交流、生生交流个体阅读的独特体悟；通过小组合作探究学习方式实现师生合作、生生合作，互相探讨人物形象，共同交流故事情节，合作撰写阅读心得体会……这样，通过跨媒介阅读与交流，我们引导学生深入地阅读文本，体会名著阅读的乐趣，从而有效地改变快餐式阅读、碎片式阅读存在的弊端，提升学生的阅读能力。

但是，在跨媒介阅读与交流的活动过程中，我们不能忽视跨媒介阅读给阅读教学带来的负面影响：学生注意力分散，过度关注其他媒介，忽视阅读文本，放弃了文本阅读，追求其他媒介的声、光、电的体验等问题。因此，不管融合多少种媒介，不管引入多少种传播手段，我们都必须坚持做到以"语言"为根本、以"阅读"为中心，坚持做到以凸显理解文本、体会文章内涵为根基，以避免出现舍本求末、主次不清的现象。

三、跨媒介阅读，激发审美创造

新课标指出，"跨媒介阅读与交流"旨在引导学生学习跨媒介的信息获取、呈现与表达，观察、思考不同媒介语言文字运用的现象，梳理、探究其特点和规律，提高利用多种媒介进行分享与交流的能力，提高理解、辨析、评判媒介传播内容的水平，以正确的价值观审视信息的思想内涵。因此，在跨媒介阅读与交流的教学中，我们不仅要以"语言"为根本，发展学生的思维能力，更要让学生深入品味文学作品的内涵，学会发现美、欣赏美，在不断提升审美能力的基础上，大胆抒发自己的情感，创作具有独特情感体验的文学作品。

新时代的高中生兴趣爱好广泛、激情澎湃，对一切新鲜事物充满好奇心，喜欢感受更强烈的感官刺激，由此，能满足多层次感官刺激的跨媒介阅读适合学生的心理需求，给他们更加直接的、丰富的阅读形式，让他们能够通过视觉中的图像画面、听觉中的音乐节奏获得阅读的审美体验。在跨媒介阅读过程中，我们往往开展影视鉴赏活动，让学生在不同题材的优秀影视作品中，了解不同年代、不同地域的社会生活，感悟不同年龄、不同身份的人物形象，体会不同经历、不同阶层人们的生活感受，思考不同国籍、不同阶级人们的社会关系，深入地反省，激烈地讨论，从而获得人文的熏陶，获得属于自己的最真实的独特感受。我组织学生进行了《窦娥冤》《雷雨》《祝福》等经典影视作品的鉴赏活动。《祝福》中祥林嫂的勤劳善良，面对不幸的顽强，面对社会礼教的无力反抗，让学生在视觉盛宴中感受文学作品的魅力，更深层次地品味各阶层的人物形象，获得课堂之外的真实生活的体验，激发了对生命的敬畏与尊重。不少学生有感而发，进行了文学创作，写下了许多优秀的读后感。

社会发展的不断进步，数字化产品的不断利用，使跨媒介阅读成为现代人不可或缺的一种阅读手段，同时跨媒介阅读与交流也成为我们阅读教学过程中的一种教学方式。巧用跨媒介，"悦"读更精彩。的确，跨媒介阅读能激发学生阅读的兴趣，提升其阅读的能力，激发审美创造，有利于提升学生的语文核心素养。跨媒介阅读对高中语文教学，对于语文教师而言，既是一个机遇，更是一个挑战。如何能够真正利用好"跨媒介"这一手段，更好地为阅读教学服务，这还有待我们深入地探索与研究。跨媒介阅读之路漫漫，我们将不断探索前行。

参考文献

[1] 余洋洲，徐婷，王燕飞，等．提高媒介素养，适应信息时代的生活，高中语文统编教材必修下册第四单元学习任务设计 [J]．教学月刊：中学版（教学参考），2021（7）：52－56.

[2] 李月莲，张开，陈家华．媒介素养的跨学科研究与实践 [M]．北京：中国传媒大学出版社，2017：2－17.

[3] 褚树荣．跨界之美：跨媒介阅读与交流 [M]．上海：上海教育出版社，2018：13－37.

初探高中数学课堂教学中数学运算素养的培养策略

广东省梅州市大埔县教师发展中心　张建军

一、引言

在《普通高中数学课程标准（2017 年版 2020 年修订）》中，将数学运算作为数学核心素养放在至关重要的位置上，数学运算在数学教学中贯穿始终。作为高中数学一线教师，应将培养学生运算能力作为数学教学的主要任务之一，发展学生的运算思维，落实学生的数学运算素养的培育，更精准地理解和把握数学运算内涵，更深入地探寻数学运算能力的培养策略。在教学一线，经常遇到学生因为运算错误而导致失分的情况，问起学生原因，大多归结为粗心大意，认为只要下次注意就不会出错，然而循环往复，这样的错误此起彼伏，学生极易产生疲惫感与自我否定，数学学习的兴趣下降，从而导致数学成绩不理想。

从广东某年某市高考前的一次数学认知能力测试的得分率（如图 22 所示）来看，逻辑推理及直观想象能力的得分率最高，为 68.34%，逻辑推理及数学运算求解能力的得分率最低，为 16.36%。

1. 逻辑推理及直观想象能力；

2. 逻辑推理及空间想象能力；

3. 数学抽象及逻辑推理能力；

4. 数学抽象及直观想象能力；

5. 直观想象及数学建模能力；

6. 数学抽象及数学建模能力；

7. 数学抽象及数据分析能力；

8. 逻辑推理及数据分析能力；

9. 逻辑推理及数学建模能力；

10. 逻辑推理及数学运算求解能力。

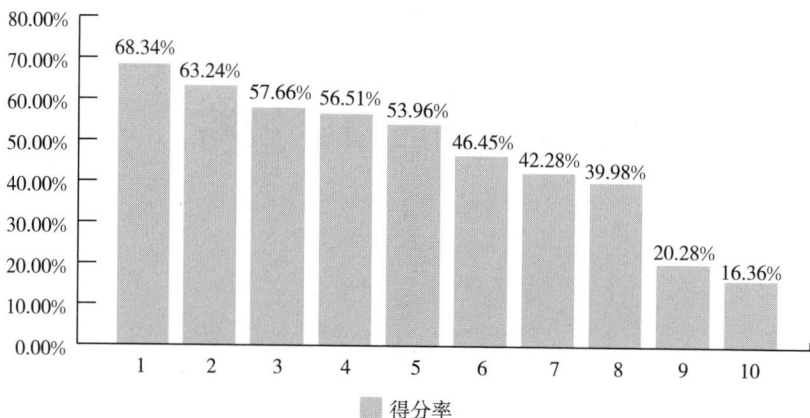

图 22

针对上述情况，本文从课堂教学的角度，就数学运算素养的培养做了一番探索，以期对一线教师有一定的参考价值。

二、数学运算的内涵

运算素养成了现如今教学的核心理念，也是高中数学教学的重点，教师注重学生实际能力的提升，而且让学生通过适量的做题，来巩固自己所学的知识，从而提升自身的数学运算素养。在今后的运算学习过程中，学生要掌握运算的方法与技巧，抓住重点与难点，而且在有限的时间内建立起自己对数学运算的整体认知，并且在学习之余，勤加练习，就能够将自己所学的知识进行巩固，提升自己的数学运算能力，这是数学运算的基本内涵。

三、高中数学课堂教学中数学运算素养的培养策略

（一）加强课堂训练，提高运算能力

高中数学教师在教学的过程中，要注重学生对问题的解决能力，这一能力是数学运算素养形成的关键，教师可以关注高中数学课堂之中的工具以及现有资源，充分利用这些资源，加强课堂训练，以提升学生的运算能力。如双曲线、

三角函数等的基本概念和相关运算公式，都要求学生进行理解与识记，只有明确上述基本概念之后，学生才能够在课堂训练之中、在今后的做题过程之中逐渐加深对双曲线、三角函数基本特征的理解，在理解的基础之上，提升学生的运算能力。从这一点可以看出，加强课堂训练，提高学生的运算能力，是高中数学课堂教学中数学运算素养的培养策略之一。

（二）组织运算活动，提高运算兴趣

我们知道有效的数学教学是创造出向学生智力挑战的情境，精选的问题是要能激起学生的好奇心，把他们拉入数学活动中，学生自觉成为数学活动的参与者是成功的数学教育的前提。

比如，我在讲授完数列求和的知识点后，小华同学提到一个问题：由 $S_n = 3a_n + 1$ 可以直接求得数列通项 a_n 吗？我立即意识到学生对 S_n 与 a_n 的内在联系没有真正搞懂，并且学生也普遍存在相同的问题，故而我把这个问题当作下一节的引例，并取名为"华之问"，并组织了师生问答式的运算活动。下面是其中的一个课堂教学片段：

师：式子 $S_n = 3a_n + 1$ 是什么概念？

生：是个等式。

师：这个等式包含什么？

生：这个等式包含通项 a_n 及前 n 项和 S_n。

师：a_n 与 S_n 的意义是什么？

生：a_n 表示数列的通项，S_n 表示该数列的前 n 项和。

师：a_n 与 S_n 有什么关系呢？

生：$a_n = \begin{cases} S_1, & n = 1 \\ S_n - S_{n-1}, & n \geqslant 2 \end{cases}$

师：求 S_5 可以怎么办呢？

生：把等式化为仅含有 a_n 的表达式，求 a_n，再求 S_n，从而求得 S_5。

师：可以把等式化为仅仅含有 S_n 的表达式吗？

生：可以，可以化为 $S_n = \frac{3}{2} S_{n-1} - \frac{1}{2}$，但接下来不知怎样处理。

师：对比一下这个递推式子 $a_{n+1} = pa_n + q$，你们有何发现？

生：哦，可以把 S_n 当作递推式，由待定系数法可求 S_n，从而算出 S_5。

师：大家再想想，是否有更加直接的办法？

生：哦，项数不多，可以逐项计算。

波利亚说过：认为解题纯粹是智力活动是错误的，决心与情绪所起到的作用很重要。懒散的精神面貌，对于在教室中做代公式运算题够了，但是，当求解稍复杂问题需要长年累月、含辛茹苦和百折不挠地运算时，加强学生运算情绪的激发，创设良好运算情境的培养是很关键的。我们可以创设这样一些数学运算活动：学生对自己的运算作品冠以自己喜欢的名字，给自己精心制作的运算模型绘上精美的图案，给自己的活动小组标上令人难忘的称谓。这给了学生向大家展现自己全部才华的舞台，适当的活动可帮助学生有效克服运算畏惧、急躁、拖沓、丢三落四等一些负面的情绪，激发学生的好奇心，使其增强数学运算的信心，培养坚韧不拔的毅力，体验成功的喜悦。

在课程教学的过程中，教师组织运算活动，此举的目的在于提高学生的运算兴趣。笔者认为问答式教学活动，能够让学生更好地参与到课堂的学习中，而且能够提升学生的运算兴趣。组织运算活动，提高运算兴趣，是提升学生运算素养的策略之一。

（三）明确运算方向，提高运算效率

从高中数学的现实情况可以看出，利用小组合作的形式，对某一特定的数学问题进行探讨，其目的在于明确运算的基本方向，在运算的过程之中，提高运算的效率，在小组合作的过程之中，小组各个成员之间能够形成紧密的配合，而且小组之中的每一位学生都可以在数学问题的探究之中负责具体的事务，在遇到自己不会的地方，可以向同组的其他学生进行求助，大家相互配合，共同完成。如三角函数、勾股定理、函数基础公式等在数学运算中的运用较常见，是学生必须掌握的知识。在这些课中，教师可以让学生对自己生活之中的事物进行观察，从而理解三角函数、勾股定理、函数基础公式等。这一过程可以帮助学生发现生活之中的数学知识，并建立起这些数学知识之间的紧密联系。从这一点可以看出，明确运算方向，提高运算效率，已成为高中数学课堂教学中数学运算素养的培养策略之一。

（四）引导学生反思，优化计算方法

作为高中数学教师，可以对课堂教学方式、数学作业、教学内容、教学形式等方面进行有选择、有针对性的创新，引导学生进行反思，此举的目的在于积累并优化计算方法，为今后学生的学习夯实基础，而且在一段时间之后，高

中数学课堂教学的效率也会显著提升。

例1：已知一个等差数列的前 10 项和为 100，前 100 项和为 10，求前 110 项的和。

解法1：由等差数列的前 n 项和公式可知：

$$\begin{cases} S_{10} = 100, \\ S_{100} = 10 \end{cases} \Rightarrow \begin{cases} 10a_1 + \dfrac{10 \times 9}{2}d = 100, \\ 100a_1 + \dfrac{100 \times 99}{2}d = 10, \end{cases} \text{所以} \begin{cases} a_1 = \dfrac{1099}{100}, \\ d = -\dfrac{11}{50}, \end{cases}$$

所以 $S_{110} = 110 \times \dfrac{1099}{100} + \dfrac{110 \times 109}{2} \times \left(-\dfrac{11}{50} \right) = -110$。

评注：这种直接套公式硬算的办法，解法直接，不用怎样思考，但计算量大，不易算对，它唯一的优点是可以巩固一下公式，训练一下四则运算的基本功，显然这种费时费力的做法，在考试时是要尽量避免的。

遇到计算量大的题目，同学们容易出错，这是一件再正常不过的事情。但是，很多教师总是埋怨现在的学生计算能力差、懒动脑、懒动笔，等等，总把问题归于学生自身。这样的做法，对学生思维能力的培养怎能起到帮助作用？学生在掌握通法以后，教师可以引导学生进一步思考更优的方法。那么到底怎样才能有效提高学生的运算能力？请看解法 2，我们就会有所感悟。

解法2：同上得 $\begin{cases} 10a_1 + \dfrac{10 \times 9}{2}d = 100 ①, \\ 100a_1 + \dfrac{100 \times 99}{2}d = 10 ②, \end{cases}$ ② － ①得 $a_1 + \dfrac{109}{2}d = -1$，

所以 $S_{110} = 110 \times \left(a_1 + \dfrac{109}{2}d \right) = -110$。

评注：这里我们不直接求解 a_1 和 d，而是先化简 $S_{110} = 110 \times \left(a_1 + \dfrac{109}{2}d \right)$，然后再思考，在方程①②中怎样产生出我们期望的结果 $a_1 + \dfrac{109}{2}d$，尝试发现，② － ①化简后，期望结果出现。通过这样的简单处理，就可以绕开难点，快速求解，多巧妙呀！可以看出，引导学生反思，通过一题多解，进行多解选优的对比优化训练是提升学生运算素养的一条有效途径。

（五）积极进行总结，学会运算技巧

数学运算素养高体现在，对一个问题的处理不但能做好，还能做得又快又

好，同时处理问题的手段灵活多样。要实现这一目标显然与长期运算经验的总结和运算技能方法的提炼与积累有着密切的关系。

例2：

（1）已知 $\sqrt{1-x}+\sqrt{1+x}=t$，求 $\sqrt{1-x^2}$ 的值。

解：因为 $\left(\sqrt{1-x}+\sqrt{1+x}\right)^2 = 2 + 2\sqrt{1-x^2} = t^2$，

所以 $\sqrt{1-x^2} = \dfrac{t^2-2}{2}$。

评注：

通过平方处理后把 $\sqrt{1-x^2}$ 当成整体，像这样把某个代数式当成一整体的思路就是换元，换元的本质是转化，渗透换元的本质就是要教导学生养成转化意识，形成转化的能力。

（2）若正实数 a，b 满足 $a+b=ab$，求 $a+\dfrac{b}{a}+\dfrac{16}{ab}$ 的最小值。

解：因为正实数 a，b 满足 $a+b=ab$，所以 $\dfrac{1}{a}+\dfrac{1}{b}=1$，于是 $a+\dfrac{b}{a}+\dfrac{16}{ab}=$

$(a+b)+\dfrac{b}{a}+\dfrac{16}{ab}-b$（配凑）$= ab+\dfrac{b}{a}+\dfrac{16}{ab}-b\left(\dfrac{1}{a}+\dfrac{1}{b}\right)$（条件代入）$= ab+\dfrac{16}{ab}-1$

$\geqslant 2\sqrt{ab\cdot\dfrac{16}{ab}}-1$（基本不等式缩小）$=7.$

另解：因为正实数 a，b 满足 $a+b=ab$，所以 $a+\dfrac{b}{a}+\dfrac{16}{ab}=a+\left(\dfrac{b}{a}+1\right)+\dfrac{16}{ab}-1$

（配凑）$= a+\dfrac{a+b}{a}+\dfrac{16}{ab}-1$（通分）$= a+\dfrac{ab}{a}+\dfrac{16}{ab}-1$（条件代入）$=(a+b)+\dfrac{16}{ab}-1$

（结构简化）$= ab+\dfrac{16}{ab}-1$（条件代入）$\geqslant 2\sqrt{ab\cdot\dfrac{16}{ab}}-1=7$。

评注：要求得 $a+\dfrac{b}{a}+\dfrac{16}{ab}$ 的值，就必须找到与条件 $a+b=ab$ 的联系，注意到 $\dfrac{b}{a}=\dfrac{b+a}{a}-1$，从而目标改造为 $a+\dfrac{b}{a}+\dfrac{16}{ab}=a+\dfrac{a+b}{a}+\dfrac{16}{ab}-1$，这里出来个 $a+b$，这样所求与条件可以实现一次沟通，把 $a+b=ab$ 代入，可得 $a+\dfrac{b}{a}+\dfrac{16}{ab}$

$= a+\dfrac{ab}{a}+\dfrac{16}{ab}-1=(a+b)+\dfrac{16}{ab}-1$，注意到 $a+b$ 又出来了，从而可以实现所求

与条件第二次沟通，所以 $a + \dfrac{b}{a} + \dfrac{16}{ab} = (a+b) + \dfrac{16}{ab} - 1 = ab + \dfrac{16}{ab} - 1$，接下来，运用基本不等式就可以了。此题多次利用了配凑、放缩、等价变形等代数式的化简技巧，这些技巧都有一个相同的指向，那就是准确把握问题的本质，而准确理解数学问题的意义显然是实现解题的得力手段。

（3）已知 $a = 2 - \sqrt{3}$，化简 $\dfrac{a^2 - 1}{a + 1} - \dfrac{\sqrt{a^2 - 2a + 1}}{a^2 - a}$，并求值。

学生在化简求值时，往往会错解为 $\sqrt{a^2 - 2a + 1} = a - 1$，而没有结合 $a = 2 - \sqrt{3}$ 考虑 $a - 1$ 的取值范围，为了避免此类错误，应该强调二次根式的性质，从而得出 $\sqrt{a^2 - 2a + 1} = |a - 1|$，然后根据 a 的取值去掉绝对值符号。

在上面数式的运算过程中，我们大量运用了比如等价变形、配凑法、整体法、换元法、同构法等方法，对于数式化简的大量技能，必须在平时的训练中归类总结，提炼升华，日积月累中不断提高，臻于完善。

波利亚说，当我们成功地解决了一个好问题之后，我们应当去寻找更多的好问题，好问题如同某些蘑菇，它们都是成堆地生长，找到一个以后，应当在周围找找，很可能在附近就有好几个。可见，引导学生加强同型题的归类，解法的总结是提高学生运算素养的可行之法。

四、结语

章建跃说认为，推理是数学的"命根子"，运算是数学的"童子功"。运算能力不仅是最基本的数学能力，也是形成其他能力的基础，学生的计算能力水平直接影响其学习质量。学生运算素养的形成不是单纯依赖课堂教育，而是依赖于学生参与其中的教学活动，不是依赖于记忆与理解，而是依赖于在探究活动中的思考与感悟，它应该是经验的日积月累。突破运算关，除了教师的运算求解的示范效应和运算教学的指向作用外，学生的运算观、运算态度、运算习惯、运算信心也非常重要，这些方方面面都要我们做更加深入的探讨与钻研。

参考文献

［1］高成龙．基于"TPCK"理论的高中生数学运算素养的提升研究：以辅助角公式应用为例［J］．理科考试研究，2021，28（1）：24 – 28.

［2］安宏.高中数学教学中数学运算素养的培育浅思［J］.数学教学通讯，2022（6）：68－69.

［3］何冰薇，陶源泉.核心素养下高中课堂数学运算素养的培养探索［J］.文理导航：教育研究与实践，2021（9）：110－111.

［4］史宁中.推进基于学科核心素养的教学改革［J］.中小学管理，2016（2）：19－21.

变式教学在构建数学高效课堂中的实践与探索

广东省梅州市大埔县虎山中学　张树仲

在以前的教育模式中，学生若要取得好的学习效果，平时必须做到快速、准确地解题。而要达到这样的效果，教师在教学中会让学生做大量的题目，使之可以熟练巩固。但这样做，学生的学习负担非常重，且教学效率不高。在新课改的背景下，教师要坚持新的教育理念，为了让学生学好现阶段的知识与基本能力，要让学生学会自主学习，引导学生主动参与、善于合作、懂得归纳，增强学生接受新知识、探究新知识、运用新知识解决问题、创新知识的能力。怎样来实现这一目标呢？每位教师都会有自己独特的方式方法，在笔者看来，这个目标可以通过变式教学来实现。

一、变式教学的作用

在现代教育理论的指导下，变式教学的基本要求是精心设计问题，通过这些问题，指导学生的探索和发现，展示知识的形成过程，注重知识的建构与归纳，抛弃"题海战术"策略，提高运用知识的应变能力，培养严谨的数学思想与创新精神。对知识进行变异、对例题进行变异、对解题的方法进行变异为基本途径。变式教学以目标为导向，开发学生的思维，把培养一个具有探究能力、协作能力、创新精神的人作为目标。

二、变式教学的原则

在变式教学的实践中要取得理想的教学效果必须遵循以下原则。

（一）目的性原则

教学中进行变式设置时要紧紧扣住教学目标，要弄明白为什么这样变式，不能因为要变而变。

如在空间立体几何中讲解"直线与平面平行的判定"这个内容时，为了让学生理解并记住该定理所需要的"三个条件"缺一不可，可提供下面的变式题让学生探讨。

例1：判断下列命题是否正确，若不正确，请用图形语言或模型加以表达。

（1）若 $a \not\subset \alpha$，$a /\!/ b$，则 $a /\!/ \alpha$；

（2）若 $a \not\subset \alpha$，$b \subset \alpha$，则 $a /\!/ \alpha$；

（3）若 $b \subset \alpha$，$a /\!/ b$，则 $a /\!/ \alpha$；

（4）若 $a /\!/ \alpha$，$b \subset \alpha$，则 $a /\!/ b$；

（5）若 $a /\!/ \alpha$，$b /\!/ \alpha$，则 $a /\!/ b$。

如函数单调性的定义：在区间 (a, b) 上任意取值 x_1，x_2：

当 $x_1 < x_2$ 时，有 $f(x_1) < f(x_2)$，就可以得到函数 $f(x)$ 在 (a, b) 上是增函数；

当 $x_1 < x_2$ 时，有 $f(x_1) > f(x_2)$，就可以得到函数 $f(x)$ 在 (a, b) 上是减函数。

为了强调单调性定义中的"区间性（范围性）""任意性"，可设计下列例题及变式。

例2：证明 $f(x) = 2x - \dfrac{1}{x}$ 在 $(0, +\infty)$ 上是增函数。

变1：若把"$x > 0$"改为"$x < 0$"呢？

变2：若把"$x > 0$"改为"$x \neq 0$"呢？

变3：若 $f(x) = 2x - \dfrac{1}{x}(x \neq 0)$，$f(-1) = -1$，$f(1) = 1$，能否判断 $f(x) = 2x - \dfrac{1}{x}$ 在定义域内是增函数？

（二）层次性原则

变式教学要体现层次性，每次的变式都是在原来的基础上的提高，要激发学生的学习兴趣，让学生感到一定的挑战性，有助于培养学生的思维能力。

如在讲授一元二次方程的根的分布问题时，可设计下列例题及变式。

例3：若 $f(x) = 3x^2 + (2t - 5)x + t$，求 $f(x) = 0$ 在下列条件下 t 的范围。

（1）两个根都小于6；

（2）一个根大于3，一个根小于3；

（3）两个根都在（-2，3）内；

（4）两个正根。

变式：（1）两个根都大于 $\frac{1}{4}$；

（2）一个根小于 -2，一个根大于 4；

（3）一个根在（-2，1）内，另一个根在（3，5）内；

（4）有两个不相等的负根。

（三）适度性原则

在高中数学课堂中，变式教学要适度，循序渐进，不可过多地滥用，应紧扣课本，紧扣课标。万变不离其宗，不要变式出一些偏题、繁题、难题，浪费学生的学习时间，影响学生学习数学的积极性。变式教学中例题的引申形式、针对习题的变式内容，一定要根据我们课标的要求与学生的学情来处理。在课堂教学中教师一定要坚持"量体裁衣"的原则，科学地对内容进行变式，增强学生举一反三的应变能力，培养学生的创新意识。比如，在"层次性原则"中提到的原式以及变 1、变 2、变 3、变 4 就形成了一定的难度梯度，层层递进，从而促进了问题的解决。

（四）针对性原则

在教学过程中，我们要根据教学的实际需要进行科学设计。如新课、习题课、复习课等的设计都是不相同的，要针对自己学生的学情，针对这节课的内容，科学地运用好变式教学，对课堂进行合理设计，让变式的内容适合我们的学生。笔者听过一位高三教师的两节课，一节是在普通班上的，另一节在实验班上。两节课的课题都是复习"正余弦定理的综合应用"，都运用了变式教学。

例 4：$\triangle ABC$ 中，满足 $c\left(a\cos B - \dfrac{b}{2}\right) = a^2 - b^2$。

（1）求 A；

（2）若 $a = \sqrt{3}$，求 $b + c$ 的范围。

解：（1）$\triangle ABC$ 中，由余弦定理得 $\cos B = \dfrac{a^2 + c^2 - b^2}{2ac}$。

依题意得 $c\left(a\cos B - \dfrac{b}{2}\right) = c\left(a \cdot \dfrac{a^2 + c^2 - b^2}{2ac} - \dfrac{b}{2}\right) = a^2 - b^2$，

化简得 $\dfrac{a^2 + c^2 - b^2}{2} - \dfrac{bc}{2} = a^2 - b^2$，即 $a^2 + c^2 - b^2 - bc = 2a^2 - 2b^2$，

化简得 $a^2 = b^2 + c^2 - bc$。

由余弦定理得 $\cos A = \dfrac{b^2 + c^2 - a^2}{2bc} = \dfrac{bc}{2bc} = \dfrac{1}{2}$，$\triangle ABC$ 中，得 $A = \dfrac{\pi}{3}$。

（2）解法 1：

由（1）可得 $A = \dfrac{\pi}{3}$

$\triangle ABC$ 中，$a = \sqrt{3}$，$\sin C = \sin(A + B) = \sin\left(B + \dfrac{\pi}{3}\right)$。

由正弦定理得 $b = \dfrac{a\sin B}{\sin A} = 2\sin B$，$c = \dfrac{a\sin C}{\sin A} = 2\sin C$，

得 $b + c = 2\sin B + 2\sin C$

$$= 2\sin B + 2\sin\left(B + \dfrac{\pi}{3}\right)$$

$$= 3\sin B + \sqrt{3}\cos B$$

$$= 2\sqrt{3}\sin\left(B + \dfrac{\pi}{6}\right)。$$

由 $B \in \left(0, \dfrac{2\pi}{3}\right)$，即 $\sin\left(B + \dfrac{\pi}{6}\right) \in \left(\dfrac{1}{2}, 1\right]$，得 $b + c$ 的范围为 $(\sqrt{3}, 2\sqrt{3}]$。

解法 2：

由 $a = \sqrt{3}$，及（1）得 $a^2 = b^2 + c^2 - bc = 3$，

即 $(b + c)^2 - 3bc = 3$，得 $bc = \dfrac{(b+c)^2}{3} - 1$。

由重要不等式可得 $bc \leqslant \dfrac{(b+c)^2}{4}$，即 $bc = \dfrac{(b+c)^2}{3} - 1 \leqslant \dfrac{(b+c)^2}{4}$，

可得 $(b + c)^2 \leqslant 12$，即 $b + c \leqslant 2\sqrt{3}$（等号可取到）。

又 $\triangle ABC$ 中，$b + c > a = \sqrt{3}$，得 $b + c$ 的范围为 $(\sqrt{3}, 2\sqrt{3}]$。

在普通班这位教师作了如下变式：

变式 1：例题中在（2）的条件下，求 $\triangle ABC$ 面积的最大值。

解法 1：由余弦定理可得 $3 = b^2 + c^2 - bc$，

即 $3 \geqslant 2bc - bc = bc$（当且仅当 $b = c$ 时取等号）

$\therefore S_{\triangle ABC} = \dfrac{1}{2}bc\sin A \leqslant \dfrac{3\sqrt{3}}{4}$，即 $\triangle ABC$ 面积的最大值为 $\dfrac{3\sqrt{3}}{4}$。

解法 2：由例题可得 $b = 2\sin B$，$c = 2\sin C = 2\sin\left(B + \dfrac{\pi}{3}\right)$，

即 $bc = 4\sin B \cdot \sin\left(B + \dfrac{\pi}{3}\right) = 4\sin B\left(\dfrac{\sqrt{3}}{2}\cos B + \dfrac{1}{2}\sin B\right) = 2\sin\left(2B - \dfrac{\pi}{6}\right) + 1$。

由 $B \in \left(0, \dfrac{2\pi}{3}\right)$，得 $S_{\triangle ABC} = \dfrac{1}{2}bc\sin A \leqslant \dfrac{3\sqrt{3}}{4}$，得 $\triangle ABC$ 面积的最大值为 $\dfrac{3\sqrt{3}}{4}$。

在实验班除了变式 1 外还有以下这一题：

变式 2：例题中，若 $b + c = 1$，求 a 的范围。

解法 1：由余弦定理知 $a^2 = b^2 + c^2 - bc = (b+c)^2 - 3bc \geqslant \dfrac{(b+c)^2}{4} = \dfrac{1}{4}$，

即 $a \geqslant \dfrac{1}{2}$，又 $a < b + c = 1$，故 $\dfrac{1}{2} \leqslant a < 1$。

解法 2：$a^2 = (b+c)^2 - 3bc = 1 - 3b(1-b) = 3\left(b - \dfrac{1}{2}\right)^2 + \dfrac{1}{4}$。

又 $\because 0 < b < 1$，

$\therefore \dfrac{1}{4} \leqslant a^2 < 1$，即 $\dfrac{1}{2} \leqslant a < 1$。

解法 3：$b + c = 2R(\sin B + \sin C)$

$$= \dfrac{2a}{\sqrt{3}}(\sin B + \sin C)$$

$$= \dfrac{2a}{\sqrt{3}}\left[\sin B + \sin\left(B + \dfrac{\pi}{3}\right)\right]$$

$$= 1$$

令 $t = \sin B + \sin\left(B + \dfrac{\pi}{3}\right) = \sqrt{3}\sin\left(B + \dfrac{\pi}{6}\right)$，

由 $B \in \left(0, \dfrac{2\pi}{3}\right)$，得 $t \in \left(\dfrac{\sqrt{3}}{2}, \sqrt{3}\right)$，

由 $a = \dfrac{\sqrt{3}}{2t}$，可得 $\dfrac{1}{2} \leqslant a < 1$。

在思维水平不同的班级，这位教师采用了不同程度的变式教学。水平不太好的学生掌握了"正余弦定理的应用"这个知识点，而水平好的学生进一步加深了对问题的认识，思路也开阔了。两节课都有显著的教学效果。

三、变式在教学中的多种类型

变式在教学实践中，主要有如下几种类型。

（一）题目变式

即一题多变，就是改变题目的条件，在变异的内容和能力的要求上，由浅入深，从简单到复杂，而在问题的外貌特征和内在结构上却要相似。

例5：求直线 $4x-5y-20=0$ 和两坐标轴围成的三角形的面积。

变式1：求直线 $4x-5y+c=0$（$c\neq0$）和两坐标轴围成的三角形的面积。

变式2：求直线 $4ax-5y-20=0$（$1<a\leqslant3$）和两坐标轴围成的三角形面积的范围。

例6：如图23所示，过定点 P（4，2）作一直线 l，分别与 x 轴、y 轴的正半轴交于点 A，B，求 $\triangle AOB$ 面积最小时 l 的方程。

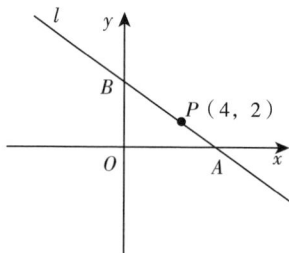

图23

分析：已知直线 l 过定点（4，2），

可设直线 l 的方程为 $y=k$（$x-4$）$+2$（$k<0$）。

由题意知 A 的坐标为（x，0），B 的坐标为（0，y），

又由 A，B 两点的坐标满足直线方程，可以得出 $x=4-\dfrac{2}{k}$，$y=2-4k$，

因而可求三角形的面积：

$$S_{\triangle AOB}=\frac{1}{2}\left(4-\frac{2}{k}\right)(2-4k)=8-8k-\frac{2}{k}=8+\left[(-8k)+\left(\frac{2}{-k}\right)\right]。$$

根据均值不等式，得 $(-8k)+\left(\dfrac{2}{-k}\right)\geqslant2\sqrt{(-8k)\left(\dfrac{2}{-k}\right)}=8$，

当且仅当 $(-8k)=\left(\dfrac{2}{-k}\right)$，即 $k=-\dfrac{1}{2}$ 时取 " ＝ "。

此时 $\triangle AOB$ 面积最小，因而直线 l 的方程得求。

变式：直线 l 过定点 P（4，2），分别与 x 轴、y 轴的正半轴交于点 A，B，求当 $|OA|+|OB|$ 最小时 l 的方程。（解法与上面例题类似）

通过以上变式，可使学生"解一题，练一串，懂一类"，起到以少胜多的作用。

（二）解法变式

即一题多解，指同一个题目从不同的角度分析，采用不同的方法求解。

例 7：求证：$\dfrac{\cos\alpha}{1 - \sin\alpha} = \dfrac{1 + \sin\alpha}{\cos\alpha}$。

分析 1：等式的右边分母为 $\cos\alpha$，故可将等式左边分式的分子、分母同时乘 $\cos\alpha$，对其化简。

证法 1：左边 $= \dfrac{\cos^2\alpha}{\cos\alpha(1 - \sin\alpha)} = \dfrac{1 - \sin^2\alpha}{\cos\alpha(1 - \sin\alpha)} = \dfrac{(1 + \sin\alpha)(1 - \sin\alpha)}{\cos\alpha(1 - \sin\alpha)} =$

$\dfrac{1 + \sin\alpha}{\cos\alpha} =$ 右边。

分析 2：等式的左边分母为 $1 - \sin\alpha$，故可将等式右边分式的分子、分母同时乘 $(1 - \sin\alpha)$.

证法 2：右边 $= \dfrac{(1 - \sin\alpha)(1 + \sin\alpha)}{\cos\alpha(1 - \sin\alpha)} = \dfrac{1 - \sin^2\alpha}{\cos\alpha(1 - \sin\alpha)} = \dfrac{\cos^2\alpha}{\cos\alpha(1 - \sin\alpha)} =$

$\dfrac{\cos\alpha}{1 - \sin\alpha} =$ 左边。

分析 3：利用中间值，可以证明该等式的左边与右边都可以化简为同一个式子或值。

证法 3：左边 $= \dfrac{\cos^2\alpha}{\cos\alpha(1 - \sin\alpha)}$，

右边 $= \dfrac{(1 - \sin\alpha)(1 + \sin\alpha)}{\cos\alpha(1 - \sin\alpha)} = \dfrac{1 - \sin^2\alpha}{\cos\alpha(1 - \sin\alpha)} = \dfrac{\cos^2\alpha}{\cos\alpha(1 - \sin\alpha)}$，

可得左边 = 右边，即等式成立。

分析 4：作差处理法，只要证明"左边 – 右边 $=0$"。

证明 4：$\dfrac{\cos\alpha}{1 - \sin\alpha} - \dfrac{1 + \sin\alpha}{\cos\alpha} = \dfrac{\cos^2\alpha - (1 + \sin\alpha)(1 - \sin\alpha)}{\cos\alpha(1 - \sin\alpha)}$

$= \dfrac{\cos^2\alpha - (1 - \sin^2\alpha)}{\cos\alpha(1 - \sin\alpha)} = \dfrac{\cos^2\alpha - \cos^2\alpha}{\cos\alpha(1 - \sin\alpha)} = 0$，

∴ 左边 = 右边，即等式成立。

分析 5：证明等式的外项积等于内项积。

证明 5：∵ $(1 - \sin\alpha)(1 + \sin\alpha) = 1 - \sin^2\alpha = \cos^2\alpha$，

∴ $\dfrac{\cos\alpha}{1 - \sin\alpha} = \dfrac{1 + \sin\alpha}{\cos\alpha}$。

分析 6：利用分析法，从需证明的结论出发，寻求结论成立的充分条件。

证明 6：要证 $\dfrac{\cos\alpha}{1 - \sin\alpha} = \dfrac{1 + \sin\alpha}{\cos\alpha}$ 成立，

只需证 $\cos\alpha \cdot \cos\alpha = (1 - \sin\alpha)(1 + \sin\alpha)$，

即证 $\cos^2\alpha = 1 - \sin^2\alpha$，而此式显然成立，

故原等式 $\dfrac{\cos\alpha}{1-\sin\alpha} = \dfrac{1+\sin\alpha}{\cos\alpha}$ 成立。

通过以上变式，让学生自己总结出一些关于三角函数恒等式的证明方法：

（1）从某一边开始，对其化简处理，证得它等于另一边，一般是从烦琐到简单；

（2）中间值法：对等式的左右边各自化简，都可变为某个中间值；

（3）比较法：证明等式的"左边 – 右边 = 0"或"$\dfrac{左边}{右边} = 1$"；

（4）分析法：从被证的结论出发，利用题目条件或数学知识对其整理化简，逐步推理出一个明显成立的条件。

一题多解的变式教学，可以使学生的思维活跃，对数学技能、数学思想方法的运用有更深刻的理解。

（三）多题一解法变式

即同一方法在不同的题目、不同的内容中应用，将不同的内容联系起来，加强知识之间的联系，帮助学生构建立体的知识结构。

例 8：已知实数 x，y 满足方程 $x^2 + y^2 - 6x + 8 = 0$。

（1）求 $\dfrac{y}{x}$ 的最大值和最小值；

（2）求 $y - x$ 的最大值和最小值；

（3）求 $x^2 + y^2$ 的最大值和最小值。

解：原方程可化为 $(x-3)^2 + y^2 = 1$，表示以点（3，0）为圆心，半径为 1 的圆。

（1）设 $\dfrac{y}{x} = k$，由图像可得，当直线 $y = kx$ 与圆 $x^2 + y^2 - 6x + 8 = 0$ 相切的时候，斜率 k 取得最大值和最小值，此时 $\dfrac{|3k-0|}{\sqrt{k^2+1}} = 1$，得 $k = \pm\dfrac{\sqrt{2}}{4}$，故 $\dfrac{y}{x}$ 的最大值为 $\dfrac{\sqrt{2}}{4}$，最小值为 $-\dfrac{\sqrt{2}}{4}$；

（2）设 $y - x = b$，即 $y = x + b$，

由图像可得，当直线 $y = x + b$ 与圆 $x^2 + y^2 - 6x + 8 = 0$ 相切的时候，直线在 y 轴上的截距 b 取得最大值、最小值，此时 $\dfrac{|3-0+b|}{\sqrt{2}} = 1$，即 $b = \pm\sqrt{2} - 3$，

故 $(y-x)_{max} = -3+\sqrt{2}$，$(y-x)_{min} = -3-\sqrt{2}$；

（3）x^2+y^2 表示圆 $x^2+y^2-6x+8=0$ 上的任意点 $P(x，y)$ 与 $O(0，0)$ 距离的平方，画出图像后可得，由于圆心（3，0）到原点的距离为 3，半径为 1，

故 $(x^2+y^2)_{max} = (3+1)^2 = 16$，$(x^2+y^2)_{min} = (3-1)^2 = 4$。

总之，在教学中进行变式，一定要科学合理，不能因为要变式而变式，要让学生在变式教学中可以更好地学习知识、理解知识、应用知识，让学生揭示不同知识点的内在联系，提升他们的学习能力与归纳能力。教师要积极发挥学生的主体作用，精心设计每一个教学环节，充分调动起学生的学习积极性和探究性，真正让学生实现从"要我学"到"我要学"，让他们学有所得，学有所思，开发他们的各项潜能，切实提升教学质量。

高中解析几何教学中数学运算
素养发展策略研究

广东省梅州市大埔县田家炳实验中学　张小芬

高中数学教学特别强调学生的逻辑思维能力，对学生各方面的要求都有所提高。在高中解析几何教学中，核心素养的建立对学生的学习和解题具有重要意义。解析几何是高中学习的一个重难点，在解析几何教学中贯穿对学生数学核心素养的培养，有利于提高学生对重要知识点的学习和理解效率，提高数学课堂教学的实际质量。因此，我们要着重研究数学素养贯穿解析几何教学的策略和方法。

一、数学核心素养的相关概念

数学核心素养包括数学抽象、逻辑推理、数学建模、直观想象、数学运算、数据分析六个方面。在众多核心素养中，数学运算能力是较为基础的，也是贯穿数学学习的核心能力。数学运算能力强调学生要充分理解并掌握数学的运算逻辑，灵活运用，根据规则合理解决数学问题。在解析几何教学中，相关运算问题是解题的重点，因此，加强学生数学运算的教学具有十分重要的意义。

二、高中解析几何教学存在的问题

（一）单一的教学模式

在传统的高中解析几何教学中，因为教学内容存在一定的理解难度，为保证教学进度，教师往往统一采用以讲授为主的教学方式，单一的教学模式容易让学生忽略自身学习的漏洞，没有办法保证学习质量，容易让教师忽视学生的实际学情，让教学缺乏针对性。

（二）学生的学习兴趣不浓

在较为刻板的传统教学模式下，教师以讲解为主，忽视了学生的自主学习兴趣。解析几何理论性较强，枯燥的理论教学容易让课堂变得沉闷，学生的学习兴趣不浓，自然不会全心投入学习中，一旦上课走神，很可能无法再次跟上教师的讲授内容，产生恶性循环。

三、高中解析几何教学中数学运算素养发展策略

（一）培养学生一题多解的运算素养

一题多解在解析几何中是十分常见的，一道题通常不会只有一种解法，引导学生思考多种解题思路能够锻炼学生的思维，培养学生的运算素养。比如，在求解与直线相关的最值问题这一典型题目时，假设直线方程为 $bx + ay = ab$，与 x 轴正半轴、y 轴正半轴有交点，分别为 A，B，且过点（3，2），问直线与 x 轴、y 轴围起来的三角形的面积最小是多少。这道题有三种解题思路，第一种思路是利用定点，将点（3，2）代入直线方程中得到 $b = \dfrac{2a}{a-3}$，那么该三角形的面积 $S = \dfrac{1}{2}ab = \dfrac{a^2}{a-3}$，通过计算得当 $a = 6$ 时，该三角形的面积最小，为 12，此时 $b = 4$；第二种思路是假设该直线的斜率为 k，由定点（3，2）以表示出直线方程为 $y - 2 = k（x - 3）$，其中 $k < 0$，A，B 两点可以分别表示为 $\left(3 - \dfrac{2}{k}, 0\right)$，$(0, 2 - 3k)$，那么该三角形的面积可以表示为 $S = \dfrac{1}{2} \times \left(3 - \dfrac{2}{k}\right)(2 - 3k) = 6 - \dfrac{9k^2 + 4}{2k}$，通过计算得当 $k = -\dfrac{2}{3}$ 时，该三角形的面积最小，面积为 12；第三种思路是由直线方程 $bx + ay = ab$ 过定点（3，2）可得 $\dfrac{3}{a} + \dfrac{2}{b} = 1$，又 $\dfrac{3}{a} + \dfrac{2}{b} \geq 2\sqrt{\dfrac{6}{ab}}$，则有 $1 \geq 2\sqrt{\dfrac{6}{ab}}$，进而得到 $ab \geq 24$，故该三角形的面积为 $S = \dfrac{1}{2}ab \geq 12$，当且仅当 $3b = 2a$ 时取等号，此时三角形面积最小，为 12。这道题是高中解析几何中的经典题目，第一种思路是通过参数的相互表示来求解最值问题，考验学生的转换运算能力；第二种思路是通过直线的斜率来表示出面积，考验学生的斜率相关运算；第三种思路是将多个参数的乘积看成一个整体，通过不等式思想来求解最值问题。不同思路从不同方面锻炼学生的运算解题能力，也培养了

学生一题多解的运算素养。

（二）建立学生的数学建模能力

解析几何中通常会出现实际案例的问题，这个时候就需要运用数学建模思想去建立实际案例的数学模型，转换为熟悉的问题求解。比如，在一条笔直的河流旁边有 A，B，C 三点，还有一点 D 在河流外 3 km 处，且与 C 点的连线垂直于河流流动方向，现将货物从 A 运输到 D，先走水路 AB 再走陆路 BD，已知各线段距离，以及每千米水路和陆路的费用比例，求 B 建在何处可使得货物运输费用最少。这个案例看起来是一个运输问题，但实际上可以用数学建模的思想去解决，在坐标轴上将几个点与连线表示出来，将其变成解析几何中的动点问题，该问题有多种思路可以解决，比如镜面垂直、线段值之和的数学式，等等，这样能够通过坐标轴比较简单地求出线段和的最小值，只要能够进行简单的数学建模，就能很轻松地解决这类数学问题。

四、结语

课堂教学以培养核心素养为主要目标，能够帮助学生更好地学习，通过多种思想和手段，培养学生积极的学习态度和自信心，提高课堂教学的效率和质量。在实践中，教师要及时总结，变革教学方式，改进教学设计，不断创新。

如何在日常教学中提升学生的数学计算能力

广东省梅州市大埔县田家炳实验中学　周财生

数学教学主要分为两类，一是数学知识教学，二是数学计算教学。其中，数学知识是数学计算的基础，而数学计算又是对数学知识的验证和应用。高中数学包含的数学知识点较为丰富，也使得高考数学试卷题量大、题型多。因此，教师想要提升学生的答题速度，应主要从两个方面着手，一是加强学生对知识点的掌握，二是提升学生的计算能力。一般而言，高中数学教师多把教学时间消耗在知识点教学方面，而忽视对学生计算能力的培养。学生对数学知识点的掌握固然重要，但是学生的计算能力同样值得重视。本文结合笔者多年的教学经验，对提升学生数学计算能力的教学方法提一些自己的见解。

一、培养学生正确的计算习惯

正所谓"学以致用"，学习知识、掌握知识的目的便是应用知识。对于高中生而言，他们的"学以致用"目的之一便是高考。虽然在形式上仅是一场考试，但是其性质却是一场战争。面对一场能够影响自己一生的战争，无论是谁都会感到紧张，而培养学生正确的计算习惯便是提高学生应对高考紧张压力的有效措施之一。

具体而言，培养学生正确的计算习惯主要包括三方面内容，其一是培养学生的审题能力。虽然多数高中数学教师都会在模拟考试之前提醒学生注意审题，但是在模拟考试结束之后教师还是会再次提到审题，其原因就是学生没有将好的审题习惯贯彻于考试过程之中。所以，培养学生的审题能力不仅需要教师考试前的提醒，而且需要在日常教学过程中的锻炼。例如，在出示例题后，教师可以要求学生在限定时间内计算得出结果。反复的练习和反复的制造压力能够强化学生的抗压能力，自然也就能够锻炼学生的审题能力。其二是培养学生的书写能力。或许诸多数学教师会对此不屑一顾，但是规范书写的作用不容忽视，其不仅能清楚表明学生的解题思路，还能够帮助学生避免因写错运算符号以及小数点而导致的计算结果出错。其三是培养学生的演算习惯。多数教师在教学中可能会劝导学生提高计算准确率，省略演算步骤以节省时间，但是计算出来和计算正确差别较大，考试要求学生计算正确而不是计算出来或者答题越多越好。只有保证准确率，才能提及答题数量。

二、强化学生对特殊值的正确记忆

高中数学中的知识点多，所以与知识点相对应的特殊值也就比较多。在解题运算过程中，特殊值如果没有被学生所熟记而要再经过演算和变化得出，其所浪费的时间无疑是宝贵的，而且还会加大学生的考试负担，影响学生的答题心态。因此，高中数学教师应当加强对学生特殊值记忆的考核，让学生在听到或者看到这个特殊值的时候，结果能够立刻准确无误地浮现于脑海之中。

例如，普通指数函数、根式、幂函数、三角函数等常用特殊值，学生在学习以及平日的练习中或许都能够熟记于心，但是少部分的应用较少的特殊值学生则不能熟练运用。比如，大家都知道 sin 30°、sin 45°、sin 60°、cos 30°、cos 45°、cos 60°，但是 sin 120°、sin 135°、sin 150°、cos 120°、cos 135°、cos 150°等通常不为学生所熟练掌握。虽然这部分数值并不经常应用，但是一旦在考题中出现，记忆优势便能明显分辨。再比如，学生熟知的直角三角形的三条边长度值有"3、4、5""6、8、10"，但是"9、12、15""12、16、20""15、20、25"等则不能被学生所熟练掌握。虽然后面所列三组勾股组合也能够计算得出，但考试时会比较浪费时间。另外，当题目中给出"9、12、15"三个数据时，学生计算可能并不会耽误太多时间，但能不能迅速反应出这是直角三角形组合则对学生的解题形成较大影响，不仅影响解题速度，也会影响解题思路。

三、加强学生计算能力的训练

正所谓"台上一分钟，台下十年功"，提升学生计算能力最好的办法就是课下锻炼。只有不断地练习才能养成正确的解题习惯，并熟练记忆和应用特殊值。加强学生计算能力的训练并不是直接列出 $3^2 + 4^2 = 5^2$ 和"15、20、25"让学生记忆，而是要将这些数值填充在教学之中，填充在学生习题的练习之中，潜移默化地提升学生的运用能力，在实践中提升学生的计算能力。例如，教师在讲题过程中可以更换题目数值，让学生限时重新计算。这不仅能够有效锻炼学生对讲解题目的掌握能力，还锻炼了学生的计算能力和对特殊值的记忆能力。要求学生将解题步骤列出，则能够培养学生正确的解题习惯。由此可见，加强学生计算能力的训练并不需要教师抽出特定的时间让学生练习加减乘除，在教师日常的讲题以及学生日常的做题过程中增加限时计算、特殊值计算、书写解题步骤等练习即可。

　　高中学生数学计算能力的提高所包含的内容非常丰富，并不是普通的加减运算，而是综合解题能力的全面提高。教师只有在日常的教学过程中增加对学生计算能力的培养，或者将之设定为学生解题的标准化模式，其效果要比考试前的提醒优越很多，也才能真正锻炼学生的计算能力，提高学生的数学成绩。

基于学科素养培养的中学生
数学有效教学策略研究

广东省梅州市大埔县田家炳实验中学　吴运辉

中学是数学学习的是一个十分关键的过渡时期，中学数学既不同于小学数学以四则运算等基础知识为主，又不像大学数学的函数几何那样抽象。在新课改推广普及的大环境下，现阶段的中学数学教学也得到了普遍重视。然而由于教师教学习惯等多方面因素，数学教学的效率普遍不高。如何提升中学生的课堂学习有效性成了一个亟待解决的问题。

一、鼓励学生动手实践

实践操作是学生参与数学活动的重要手段。通过实践操作获得的数学思想方法更形象、记忆更深刻，更能实现迁移，有利于提高学生的学习能力。中学生的数学思维刚刚开始形成，许多抽象的思维能力还不具备。因此，教师在引导学生实践操作时，不能仅仅停留在为理解知识而操作，要让学生知道为什么这样操作，也就是要领悟其中的思想方法。

例如，在学习"多边形"一课时，可以要求学生自己制作多边形，然后逐一进行计算验证。要让学生体会"提出猜想—进行验证—得出结论"的数学学习过程。在中学生的学习印象中，可能都会计算三角形、四边形的内角和，但是有更多的边时呢？五边形、六边形，甚至 n 边形，怎么计算呢？通过"想一想""动手做""算一算"等环节的教学，再由教师总结归纳，公布正确结论。学生通过剪、拼、画、算等环节，既积累了转化问题的经验，又体会到了数学思想的应用过程，对学生的数学能力培养是大有裨益的。同时也大大提升了教学的有效性。

二、创新中学数学教学理念

理念是行动的先导。在开展中学数学教学的过程中，一定要高度重视教学理念创新，只有这样，才能使中学数学教学的有效性更高。在具体的教学过程中，教师应当对现代教学理念进行深入的研究和分析，同时也要发挥自身的主观能动性，积极探索能够培养学生数学核心素养的教学模式，努力提升教学质量和水平。应当将创客教育融入中学数学教学，坚持"问题导向"思维，并且要着眼于培养学生的整体素质，以及立足于学生的差异性和特色化。努力推动创新学习，重中之重就是要在打造多元化创客教育载体，如大力推动"互联网＋创客教育"模式，将翻转课堂、慕课、微课等应用于中学数学教学中，强化学生的交流与沟通，同时建立"中学数学创客小组"的方式，使学生在学习数学的过程中能够进行互动探究，培养学生的合作精神和创新意识。

三、创新教学模式，加强高等数学的应用性

传统的高等数学教学模式单一，主要采用教师课堂上讲解，学生课后做作业的形式。该教学模式下学生学习主动性弱，难以学以致用。在创新教学模式中，教师可以结合慕课、翻转课堂、网络课程和微课等形式，让学生能随时随地主动学习。同时，可通过微信公众号、小程序、网络课程平台等形式发布学习知识点、练习等，与学生实时互动。在教授知识过程中，多采用类比法、比较法和拓展应用等形式让学生更容易理解。如学习导数时，讲授极限的概念，通过对比函数极限、数列极限的基本结构，找出其相同点和不同点，区分离散与非离散的形式。对比等形式，能使学生温故知新，快速掌握新概念，养成判断思维。此外，注重知识的应用性，如在讲授导数与微分时涉及边际函数，恰当引入边际成本和边际利润等概念，用实际例子，让学生尝试求解题目。

四、成立学习小组

在新课改背景下，小组式学习正在被逐渐推广普及。笔者是十分赞同这种学习方式的。就数学科目而言，小组学习的效率是远远大于个人学习的。理科的学习本来就是在不断的练习和积累中慢慢提高的。小组学习不仅可以实现小组之间交流互动，还能彼此指出错误，进行纠正，长此以往，会形成一个非常好的良性循环。此外，中学的课堂容量和课后作业量远远高于小学，无形中给

教师增添了很多负担和压力。同时，中学生普遍存在学习水平参差不齐的情况，教师只能了解大多数同学存在的普遍性问题。这样一来，就会造成进度超前的同学浪费宝贵的学习时间，进度落后的同学不能从普遍问题中得到解答和提升。而成立学习小组，能极大地促进学生与学生之间的互动交流学习，让学生在互动交流中增加学习的乐趣，解决存在的问题，有利于构建高效的数学课堂。

五、优化中学数学教学体系

健全和完善的教学体系，对促进中学数学有效教学具有重要的支撑作用，教师应当在这方面进行优化和完善。在具体的实施过程中，应当构建"线上"与"线下"相结合的教学体系，特别是要重视"线上"教学体系的构建，比如可以大力推动"互联网＋中学数学"教学模式，构建"网、云、端"三位一体的运行体系，能够使其更有针对性。在优化中学数学教学体系的过程中，也要更加重视教学模式的综合性和系统性，比如，应当加强"微课"教学模式的应用，中学数学教师可以建立"微课"资源数据库，教师之间也可以进行交流互动，不断丰富和完善"微课"资源数据库。要大力加强指导体系建设，坚持"统筹照顾、分类指导"的原则，给每位学生制订学习计划，并且要加强对他们的指导和服务。

六、结语

综上所述，中学数学教学是中学教育的重要组成部分，对于培养学生的综合素质具有很强的基础性作用。由于中学生的整体素质相对较低，尽管广大中学教师都采取多元化的措施开展教学活动，但学生的接受能力以及学习兴趣仍然比较薄弱，在很大程度上制约了中学数学教学有效性的提高。这就需要中学数学教师在开展教学的过程中，一定要以培养学生数学核心素养为目标，运用系统思维和创新理念，着眼于解决中学数学教学存在的诸多问题，重点在创新中学数学教学理念、融合中学数学教学方法、优化中学数学教学体系等方面下功夫，最大限度地提升中学数学教学有效性，努力在培养学生数学核心素养、提升中学数学教学质量和水平方面实现新的、更大的突破。

参考文献

［1］牛建萍．核心素养下中学数学运算能力的培养［J］．数学大世界（中旬版），2019（5）：19．

［2］王影影．高一学生数学直观想象能力调查与培养策略研究［D］．新乡：河南师范大学，2017．

［3］安胜巧．基于核心素养下数学课堂教学中学生运算能力培养的有效策略研究［J］．中国校外教育（上旬刊），2019（2）：138，142．

下篇

实践应用

以培养实践能力为重点的素质教育是当今教育改革的主旋律，课堂教学则是培养学生实践能力的主阵地，课程标准是教学的指导纲领，课堂教学是贯彻落实学科核心素养的一线前沿，而教学设计则是课程标准和课堂教学之间搭建的一座重要桥梁。"互联网+"时代，技术为多学科合作学习提供了更加丰富的土壤，让学习更加个性化、协同化，为学生发展提供了无限的可能。

学科素养在初中物理课堂教学中的探索与实践

——教学典型案例分析

广东省梅州市大埔县田家炳实验中学 邹春玲

《义务教育物理课程标准（2022年版）》提出了新的课程理念：①面向全体学生，培养学生核心素养；②从生活走向物理，从物理走向社会；③以主题为线索，构建课程结构；④注重科学探究，倡导教学方式多样化；⑤发挥评价的育人功能，促进学生核心素养发展。核心素养是学生在接受教育过程中，应具有的适应个人终身发展和社会发展需要的必备品格和关键能力。其中物理核心素养主要由"物理观念""科学思维""科学探究""科学态度与责任"四个要素组成。物理教学应让学生初步具有这些能力，促进学生核心素养的养成和发展，引导学生学会学习、学会合作、学会生活，为学生的终身发展奠定基础。在"长度和时间的测量"这节的教学设计中笔者尝试着应用这个理念和导向。

初二的学生具有一定的前知识，会用原有的刻度尺的使用和读数方法固化物理学中相关内容，导致在刻度尺的使用和读数上总是出错，特别是容易忽略估读，这是必须考虑的。在这节教学中可先让学生用自己的刻度尺测量课本的长度和宽度，记录数据，分组讨论，派代表在黑板上写下本组的数据。当他们很有信心地写完只有数字的数据时，让学生观察是否有问题，学生很自信地回答说没有。正当他们沾沾自喜时，笔者在这些数字后面写上"千米""米""分米""毫米"等单位，学生立即意识到了错误，"老师，应该是厘米，忘写单位了。"在物理学中，数字必须加单位。紧接着继续提问，能否用老师的这些单位记录呢？这样，顺理成章形成单位换算的知识。这一小节让学生通过出错、自行纠错加深印象，形成"物理观念"和物理的表述方式，然后用教师发给的刻度尺（米尺）测量课本的长度，需要修改的组上黑板用不同颜色的笔重新写一遍。同时思考：用哪种刻度尺测量好一些呢？为什么？学生重新改过的数据后面都加上了单位（表扬学生的应用能力）。学生发现老师发的尺子更方便测量物体的长度，是因为最大刻度不同，即量程不一样，引出在具体测量时要选择合适量程和分度值的刻度尺。

一把米尺同桌两人可以同时用吗？零刻度的选择是任意的。用另一种刻度（米尺的正反面两种刻度的分度值不同）测量课本的长度，读出来的数据又是多少呢？这个刻度跟刚才的刻度有啥区别？最小刻度不同，即分度值不同。这时多媒体呈现相同分度值但长度不同的两幅图。读数不同，导致数据后面的估读值出现，从而发现长度的测量必须有估读值的存在。如果用同一刻度尺测出同一物体的长度分别为 5.33 cm、5.32 cm、5.34 cm，哪一组正确呢？我在后面都打上对钩，学生们有点儿诧异，为什么会出现这种情况？引出误差概念，学生通过阅读课本了解误差的定义，讨论产生原因。误差是由于测量工具的不同和个人的估计值不同引起的，可以减小但不可以消除。再次回到课堂开始各组学生代表修改过的物理课本的长度数据，发现每组的都正确，只是存在误差概念。那么这些数据哪个更接近真实值呢？引导：有的比真实值大，有的比真实值小，怎么确定哪个数据更接近真实值？求平均值的方法立刻被学生想到，问题很快得到解决。通过阅读课本同时了解误差与错误的区别。

选用实验室木尺测量课本的长度有什么发现？学生发现读数差别大的原因是木尺太厚，读数时视线稍有偏差也会造成这种现象。分组讨论解决方法：刻度紧贴被测物体，读数时视线应该与刻度尺垂直。学生通过测量物理课本的宽度讨论总结如何正确使用刻度尺：①选用量程、分度值合适的刻度尺；②尺子的刻度要紧贴被测物体放置；③读数时视线与刻度尺垂直；④长度的测量结果应该包括准确值、估读值和单位（反复强调必须估读到分度值的下一位）。巩固训练：请 5 位同学使用同一把刻度尺测量同一本课本的长度，测量结果是：$L_1 = 19.82$ cm，$L_2 = 19.83$ cm，$L_3 = 17.28$ cm，$L_4 = 19.81$ cm，$L_5 = 19.80$ cm，$L_6 = 19.805$ cm。思考：①这把刻度尺的分度值是多少？②测量结果错误的是哪个？③测量结果不合理的是哪个？④这本课本的长度是多少？在解决这一系列问题的过程中强化知识的形成、理解和运用。

通过测量长度了解误差的初步知识，为正确进行其他物理量的测量提供可迁移的能力与知识基础。练习用刻度尺测量长度，使学生对米、分米、厘米、毫米等常用的长度单位形成具体认识，培养学生认真细致、实事求是的科学态度。整个过程让学生发现问题，解决问题，从而掌握正确使用刻度尺的方法，逐渐形成物理思维方式，让学生感受通过自己的努力获得知识的喜悦，既有成就感，又能感受到物理的实用性。在学习中学会学习，在实践中学会创造。以核心素养为导向的课堂教学，要以培养"批判性思维""问题解决能力"等核心素养为目标，要用激活、启发、质疑、思辨取代灌输和死记硬背，强调学生的主动性、实践性、合作性和批判性。这节课把课堂的时间和空间还给学生，让学生主体性得到充分的发挥。学生在困惑中思考，在思考中解决问题，在解决问题的同时学到了新的知识。学生认识到每一个知识都是有理可据的，逐渐养成认识每个现象或事实都必须要说理的科学态度。

为促进学生核心素养的养成和发展，物理课堂教学要结合学科特点及学生特点，灵活运用多种教学方式，注重创设真实的问题情境，注重突出问题导向，引导学生学会学习、学会合作、学会生活，为学生的终身发展奠定基础。

学科素养在初中数学课堂教学中的探索与实践

——以"平行四边形的性质"为例的教学设计

广东省梅州市大埔县田家炳实验中学　曾裕飞

一、教学目标

（1）经历探索平行四边形有关概念和性质的过程，在活动中发展学生的探究意识和合作交流的习惯；

（2）探索并掌握平行四边形的性质，并能简单应用；

（3）在探索活动中发展学生的探究意识。

二、教学重难点

教学重点：平行四边形性质的探索。

教学难点：平行四边形性质的理解。

三、教学方法

探索归纳法。

四、教学过程

第一环节：联系生活，实例引入

畅所欲言：同学们，生活中有哪些实例是跟平行四边形有关的？你能举出一些来吗？请同学们跟身边的小伙伴们交流分享一下。

实例展示：

图 24

设计意图： 学生在小学数学中已经对平行四边形有所认识，这里通过学生交流分享和教师展示现实生活中的实例，进一步让学生感悟平行四边形的本质特征，从而顺利总结出平行四边形的概念：两组对边分别平行的四边形叫作平行四边形。

第二环节：探索归纳，交流合作

小组活动一： 同学们先在准备好的平行四边形纸上画出对角线，并标出对角线交点，再把两张相同的平行四边形纸片绕对角线交点旋转180°，观察旋转后的四边形，它们重合吗？由此你能得到哪些结论？

小组活动二： 同学们拿出准备好的工具将活动一的平行四边形沿着其中一条对角线剪开，可以得到两个三角形，再把其中一个三角形旋转后跟另一个三角形重叠，观察重叠后的三角形，它们完全重合吗？由此你能得到哪些结论？

设计意图： 这个探究活动锻炼了学生的动手能力、直观想象能力和数学分析能力。通过活动学生了解了平行四边形中心对称性的特征，明确了两条对角线的交点就是其对称中心，感知了平行四边形的对边和对角的性质：平行四边形的对边相等，平行四边形的对角相等。

第三环节：推理论证，感悟升华

同学们通过探究活动，发现了平行四边形的对边相等、对角相等，那么同学们能不能通过小组合作，逻辑推理来证明我们通过活动得到的结论。

已知：如图 25（1）所示，四边形 $ABCD$ 是平行四边形。

求证：$AB = CD$，$BC = DA$。

由各小组合作完成，并展示如下成果。

证明：如图 25（2）所示，连接 AC。

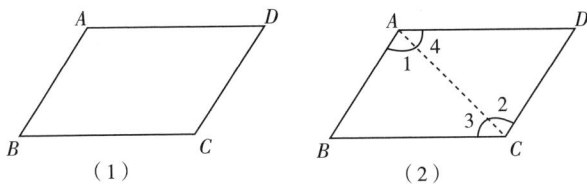

图 25

∵ 四边形 *ABCD* 是平行四边形，

∴ *AD∥BC*，*AB∥DC*，

∴ ∠1 = ∠2，∠3 = ∠4，

∴ 在△*ABC* 和△*CDA* 中，

∠2 = ∠1，*AC* = *CA*，∠4 = ∠3，

∴ △*ABC*≌△*CDA*（ASA）

∴ *AB* = *DC*，*AD* = *CB*，∠*B* = ∠*D*

设计意图：通过推理和证明，学生的逻辑推理能力得到了提升。对平行四边形的性质也由直观感受上升到理性分析，逐渐学会了用数学的语言描述平行四边形的性质。

第四环节：应用巩固，深化提高

已知：如图 26 所示，在平行四边形 *ABCD* 中，*E*，*F* 是对角线 *AC* 上的两点，且 *AE* = *CF*。求证：*BE* = *DF*。

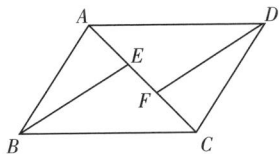

图 26

证明：∵ 四边形 *ABCD* 是平行四边形，

∴ *AB* = *DC*，*AB∥DC*，

∴ ∠*BAE* = ∠*DCF*.

又∵ *AE* = *CF*，

∴ △*BAE*≌△*DCF*（SAS），

∴ *BE* = *DF*。

设计意图：在这个环节中，先让学生独立完成上述任务，再组织学生进行

交流，教师要充分肯定学生的各种合理证明方法，并对学生富有创新的证明思路给予表扬。通过这个活动，可以让学生更好地掌握本节课的重难点。

五、课后作业

（1）完成《分层练习》第 50 页习题。

（2）思考平行四边形的对角线有什么特征。

六、教学反思

本节课通过巧妙的环节设计，循循善诱，引导学生在活动中认识平行四边形的概念，在探究合作中掌握平行四边形的性质，在独立思考中完善知识点的掌握。上完这节数学课，学生的逻辑推理能力、直观想象能力、实验分析能力和实践创新能力等学科素养都能得到很好的提升。

学科素养在高中数学课堂教学中的探索与实践

——以"指数函数的图像和性质"教学为典型案例分析

广东省梅州市大埔县虎山中学　范宝锐

一、设计背景

《普通高中数学课程标准（实验）》中指出："学生的数学学习活动不应只限于接受、记忆、模仿和练习，高中数学课程还应倡导自主探索、动手实践、合作交流、阅读自学等学习数学的方式。这些方式有助于发挥学生学习的主动性，使学生的学习过程成为在教师引导下的'再创造'过程。""高中数学课程应返璞归真，努力揭示数学概念、法则、结论的发展过程及本质……通过典型例子的分析和学生自主探索活动，使学生理解数学概念、结论逐步形成的过程……把数学的学术形态转化为学生易于接受的教育形态。"以上精神表述了数学教学的新理念，即坚持以学生为主体，教师为主导。作为一名高中数学教师，我以上述理论为依据，于2022年11月3日在高一（13）班开展了"指数函数的图像和性质"的教学。由于在高一（14）班已经讲过了一遍，我对教学中出现的问题进行了及时更正，所以在高一（13）班的教学相对来说是比较成功的。

二、学情分析

本节课安排在普通高中教科书·数学（A版）必修第一册第四章第二节第二课，是在学生系统学习了函数概念，基本掌握了函数的性质的基础上进行研究的，再加上前面已经初步探究了幂函数的图像和性质，所以在本节课的学习中还运用了"类比""数形结合"的思想，激发学生学习新知识的兴趣和欲望。

三、教学过程

师：这节课我们将类比研究幂函数性质的过程和方法，进一步研究指数函数，首先画出指数函数的图像，然后借助图像研究指数函数的性质。

设计意图：让学生在已有知识的基础上学习，体会知识之间的联系。

师：我们一块儿来看一下本节课的学习目标，同学们齐读一下。

生：知识与技能：掌握指数函数的图像、性质及其简单应用。过程与方法：通过对图像特征的观察，培养学生的探索发现能力，在学习过程中体会从特殊到一般及数形结合思想。情感态度与价值观：通过学生的参与，培养其手脑并用、多思勤练的良好学习习惯和勇于探索、锲而不舍的求学精神。

师：我们本节课的教学重点是指数函数的图像和性质，难点是用数形结合的方法从特殊到一般地探索和概括指数函数的性质。

设计意图：向学生展示目标与重难点，让学生清晰地了解本节课内容。

师：下面我们先从简单的函数 $y=2^x$ 开始，请同学们完成 x，y 的对应值表 4.2 – 2，并用描点法画出函数 $y=2^x$ 的图像。

学生通过列表、描点、连线作图。

（在这项活动中，我先给学生留了 3 分钟时间，同时也找了两名不同程度的学生上黑板作图，有一名学生画得相对规范，另一名学生最后连线时用的是折线，当然这个问题其他学生也有出现，为了让学生更直观地体会图像的形成过程，我用作图软件给学生在 PPT 上进行了展示）

设计意图：让学生在动手实践、小组讨论的过程中，体会知识的由来，从而让学生成为课堂的主人。

师：为了得到指数函数 $y=a^x$ （$a>0$ 且 $a\neq1$）的性质，我们还需要画出更多的具体指数函数的图像进行观察。

师：请同学们再次利用描点法在同一坐标系中画出函数 $y=\left(\dfrac{1}{2}\right)^x$ 的图像。

同学们在练习本上迅速画出 $y=\left(\dfrac{1}{2}\right)^x$ 的图像。

（同样选了两名同学上黑板作图，由于有了上述作图经验，这次作图十分规范，我在下面巡视的时候发现只有 2 名同学画的图像有问题，只取了几个大于 0 的值，导致图像不完整，影响后面规律的发现，通过让他们思考再取几个小于

0 的值是否仍然符合的方法，已经帮助他们改正，后来我对学生进行了鼓励和表扬，让学生体会探索知识的快乐）

师：比较 $y=2^x$ 和 $y=\left(\dfrac{1}{2}\right)^x$ 的图像，它们有什么关系呢？

生：图像关于 y 轴对称。（课堂氛围十分活跃）

（学生直观看到的是图像上的特征）

师：它们两个图像上的点又有什么关系呢？

有一名学生说：（1，2），（2，4），（3，8）在 $y=2^x$ 的图像上，而（-1，2），（-2，4），（-3，8）在 $y=\left(\dfrac{1}{2}\right)^x$ 的图像上。

师：非常棒，那同学们能否再用一个一般的坐标说明呢？如果点（x，y）在 $y=2^x$ 的图像上，猜想哪个点会在 $y=\left(\dfrac{1}{2}\right)^x$ 的图像上呢？

生：（$-x$，y）。（学生异口同声回答）

师：因为 $y=\left(\dfrac{1}{2}\right)^x=2^{-x}$，点（$x$，$y$）与点（$-x$，$y$）关于 y 轴对称，所以函数 $y=2^x$ 图像上任意一点 P（x，y）关于 y 轴的对称点 Q（$-x$，y）都在函数 $y=\left(\dfrac{1}{2}\right)^x$ 的图像上，反之亦然。

师：同学们再观察，这两个函数的底数有怎样的特征呢？

生：互为倒数。

师：同学们猜猜 $y=3^x$ 与 $y=\left(\dfrac{1}{3}\right)^x$ 是否也有同样的特征呢？

生：是。

（利用作图软件向学生展示，发现确实有同样的特征）

师：底数互为倒数的两个指数函数，它们的图像关于 y 轴对称，根据这种对称性，就可以利用一个函数的图像画出另一个函数的图像。

设计意图：上述过程让学生通过探究、观察、总结得到结论，从而体会由特殊到一般的过程，让学生利用联系的观点看问题，以及通过逻辑推理获得数学结论，好处是便于将指数函数 $y=a^x$（$a>0$ 且 $a\neq1$）分为 $a>1$ 和 $0<a<1$ 两类，从而分别对两类图像的共同特点进行归纳，直接引入 $y=\left(\dfrac{1}{2}\right)^x$ 不够自然，只有探究之后才有体会。

师：选取底数 a（$a>0$ 且 $a\neq1$）的若干个不同的值，在同一个直角坐标系内画出相应的指数函数的图像，观察这些图像的位置、公共点和变化趋势，它们有哪些共性？由此你能概括出指数函数 $y=a^x$（$a>0$ 且 $a \neq 1$）的值域和性质吗？

完成课本表格 4.2-3，两名同学上黑板板演。

师：我们看一下黑板上学生所写的，全部正确，说明大家的观察、总结能力特别强，值得表扬。

（困难之处是有学生不知道分 $a>1$ 和 $0<a<1$ 两种情况，我通过让学生观察、讨论，再加上引导，层层突破难点，为后面对数的学习奠定了基础）

设计意图：该过程让学生通过信息技术得到 a 任意取值时函数 $y=a^x$（$a>0$ 且 $a \neq 1$）的大量图像，并根据所作的这些图像直观地归纳它们的共同特点。好处是底数 a 的取值自然，所作函数的图像也是自然产生的，而非事先规定的，且用信息技术能便捷地作出大量图像，易于进行归纳。有意识地向学生渗透数形结合的思想方法，引导学生"以形助数"，先观察图像得到图像的特征，然后再将图像特征转化为函数性质，学生在此过程中也感受到了作图工具的神奇，表现出了极大的兴趣。

师：同学们做一下课本例 3，比较下列各题中两个值的大小。

（1）$1.7^{2.5}$，1.7^3；

（2）$0.8^{-\sqrt{2}}$，$0.8^{-\sqrt{3}}$；

（3）$1.7^{0.3}$，$0.9^{3.1}$。

师：下面请学生回答。

生：第（1）题为小于，构造指数函数 $y=1.7^x$，单调递增，$2.5<3$，所以 $1.7^{2.5}<1.7^3$。

生：第（2）题为小于，构造指数函数 $y=0.8^x$，单调递减，$-\sqrt{2}>-\sqrt{3}$，所以 $0.8^{-\sqrt{2}}<0.8^{-\sqrt{3}}$。

生：第（3）题为大于，取中间值 1，$1.7^{0.3}>1$，$0.9^{3.1}<1$，所以 $1.7^{0.3}>0.9^{3.1}$。

师：由以上学生的回答，我们可以总结出，当底数相同时，通过构造指数函数，利用单调性比较大小；当底数和指数都不同时，可以借助中间值 1 进行比较，要注意"1"的形式变化。

（由于学生已经有了幂函数的学习基础，所以前两个题会的学生较多，而第三个会的较少，所以我又进行了讲解，为什么取中间值 1，当然取其他值也可以，做这类题目需要灵活变通，也有学生是通过图像观察得到的，方法也较好）

设计意图：主要目的是利用指数函数的单调性比较两个数的大小，根据问题的特点构造适当的指数函数是关键也是难点。本例能够帮助学生进一步熟悉指数函数的性质，并促使他们形成用函数观点解决问题的意识。

师：同学们再看一下课本例 4，根据图像估计该城市人口每翻一番所需时间。

生：约为 20 年。

师：该城市人口从 80 万人开始，经过 20 年会增长到多少万人？

生：160 万人。

设计意图：主要目的是利用指数函数的图像分析和解决问题，建立函数图像与概念、性质的联系，进一步促使学生形成用函数观点解决问题的意识。

师：同学们，我们一起来回顾一下本节课所学内容。

生：指数函数的图像和性质，有定义域、值域、定点，有单调性。（学生积极回答）

师：本节课作业是课本 118 页练习 1 和 2。

四、教学反思

本节课结束后，我结合学生对课堂的反馈，自己也进行了反思，认为在今后的教学中应该注意以下几点。

第一，教的转变。这节课我的角色从知识的传授者转变为学生学习的组织者、引导者、合作者与共同研究者。在引导学生画图，观察发现规律后，又利用作图软件直观地展示，激发学生自觉探究数学问题，体验发现的乐趣。

第二，学的转变。学生从学会转变为会学，这节课学生不是停留在学会课本知识层面，而是站在研究者的角度深入其境，做学习的主人。

第三，课堂氛围的转变。整节课以"流畅、开放、合作、引导"为基础特征，我对学生的思维减少干预，教学过程呈现出一种比较流畅的特征。整节课，学生与学生、学生与我之间以"对话、讨论"为出发点，以互助合作为手段，以解决问题为目的，学生在一个比较宽松的环境中自主选择获得成功的方向，判断发现的价值。

第四，渗透教学思想方法，培养综合运用能力。整节课我一直向学生渗透类比、数形结合的数学思想，这些是数学学习的核心，在今后的教学中也应重视，而不是为学知识而学知识，授人以鱼不如授人以渔，只有这样，学生才能灵活运用和综合运用所学知识，做到举一反三。

化学学科素养在高中化学实验
教学中的探索与实践
——教学典型案例分析

广东省梅州市大埔县田家炳实验中学　李俊妮

　　科学探究活动是培养科学观念与思维的最关键的途径，也是培养创新精神与实践能力最有效的手段。对科学探究的具体设计，力求突出科学素养，体现学生的主体作用，贴合学生的心理特点，从学生身边熟悉的知识出发，被学生所喜爱，并让学生参与科学探究活动的开发。所以，怎样在化学课堂中更好地处理"知识的落实"与"充分运用探究手段"的关系是落实学生主体地位，实现化学总体教学目标的基本前提。

一、设计背景

　　案例"强酸与强碱的中和滴定"是人教版化学选择性必修 1 第三章实验活动 2 的内容。这个实验内容的原理是氢氧化钠与盐酸的中和反应，滴定是高中化学实验的重点和难点，也是常考的考点。所以，让学生掌握这个实验的基本操作，并熟练运用滴定原理去解决实际问题是我们这节课的目标。

　　教学实践应着重培养学生的实验操作技能。通过实际操作中的练习，学生能够熟练操作滴定管，控制滴加速度和摇晃滴定管，从而提高实验操作的准确性和精确性。教学实践应确保学生对滴定原理和相关概念有清晰的理解。通过适当的教学方法，例如示意图、实验演示和讲解，学生能够理解滴定过程中酸碱中和反应的发生、指示剂的颜色变化以及滴定终点的概念。教学实践应培养学生的数据处理和结果分析能力。学生需要学会准确记录滴定消耗量，并运用化学方程式和摩尔关系计算未知溶液的浓度。同时，学生应具备对数据进行准确分析和解释结果的能力。教学实践应注重培养学生的实验室安全意识和实验室规范。学生应了解和遵守实验室安全操作规程，正确佩戴个人防护装备，并掌握与实验相关的化学品的安全操作和储存方法。

二、教学目标

（一）实验设计与操作技能

该实验要求学生进行滴定实验，从而培养学生的实验设计和实验操作技能。学生需要了解滴定原理，选择适当的指示剂和滴定剂，并掌握准确测量和控制溶液的体积的方法。这有助于学生熟悉实验室操作，培养实验设计和实验操作技能。

（二）化学反应和化学平衡的理解

通过滴定实验，学生能够理解酸碱中和反应的化学方程式和化学平衡的概念。他们将学会如何在滴定过程中使用化学方程式和摩尔关系来计算未知溶液的浓度。这有助于学生深入理解化学反应和化学平衡的重要性。

（三）数据处理和结果分析能力

在实验中，学生需要准确记录滴定消耗量，并进行浓度计算。这培养了学生的数据处理和结果分析能力，包括使用数学计算和化学方程式进行数据解释和结果推导。这对于学生的科学思维和实验技能的培养具有重要意义。

（四）实验安全和实验室规范

该实验还提醒学生在实验室中要遵守实验安全规范。学生需要佩戴个人防护装备，正确处理和储存化学品，并遵循实验室操作规程。这培养了学生的实验室安全意识。

三、具体做法、成效、推广的想法

（一）具体做法

1. 提供理论知识

教师应先提供关于滴定原理、酸碱中和反应和化学方程式的理论知识。学生需要了解指示剂的选择和滴定剂的使用。

2. 实验演示和模拟

教师可以进行实验演示或使用模拟软件来展示滴定实验的过程和结果。这有助于学生理解实验的步骤和预期的结果。

3. 实验操作训练

学生需要进行实验操作的训练。教师可以组织实验室实践，引导学生正确使用滴定管控制滴加速度和摇晃滴定管，提升学生实验操作技巧。

4. 数据处理和结果分析

学生需要学习如何准确记录实验数据，并使用化学方程式和摩尔关系进行计算。教师可以提供指导，让学生练习数据处理和结果分析的技能。

（二）实践成效

1. 理解滴定实验的原理和概念

通过教学实践，学生能够理解滴定实验中酸碱中和反应的原理和化学方程式。他们能够了解滴定终点的概念以及指示剂的使用，从而正确进行滴定实验。

2. 独立进行实验操作

经过实践训练，学生能够独立进行滴定实验。他们掌握了正确使用滴定管、控制滴加速度和摇晃滴定管等实验操作技巧，从而能够准确测量和记录实验数据。

3. 使用化学方程式和摩尔关系计算浓度

通过处理实验中的数据，学生学会了如何使用化学方程式和摩尔关系来计算未知溶液的浓度。他们能够根据滴定液体的浓度和实验中的滴定消耗量及待测液的体积计算出待测液的浓度。

4. 分析实验结果并提出结论

学生在实验后能够分析实验结果，并根据计算的浓度数据和实验现象提出合理的解释和结论。他们能够理解滴定实验中颜色变化的原因并能据此判断滴定终点。

（三）推广想法

1. 提供充分的实践机会

为学生提供充分的实践机会，让他们能够多次进行滴定实验并熟练操作，这有助于他们巩固实验技能和理解滴定原理。在滴定实验中，学生需要准备溶液、使用滴定管进行滴定、观察滴定终点，等等。通过反复进行实验，学生能够逐渐熟悉实验器材和仪器的使用方法，掌握正确的操作技巧，提高实验的准确性和可重复性。同时，他们也能够学会如何控制滴定液的滴加速度和观察滴定终点的指示反应等细节，从而获得准确的滴定结果。

2. 强调数据处理和结果分析

教学过程应注重培养学生的数据处理和结果分析能力，可以通过提供实际数据和让学生进行解释和推导来加强实践性学习。在化学实验中，学生进行数据收集和记录，包括实验条件、测量结果和观察数据等。教师可以提供实际的实验数据，让学生通过处理和分析这些数据来得出结论。通过这样的实践，学生将学会如何处理原始数据，进行单位转换、平均值计算和误差分析等操作。这培养了学生的数据处理能力，使他们能够从复杂的数据中提取有用的信息。

3. 联系实际应用

将实验与实际应用联系起来是化学实验课程中的一项重要策略，它可以帮助学生更好地理解实验的实际意义和重要性，并将所学的知识和技能应用到真实的领域中。通过实验，学生可以学习如何使用滴定方法来确定药物配方的准确性和稳定性，从而增加了对药物制备领域的理解。

4. 鼓励团队合作

团队合作中鼓励学生相互协作，共同解决实验中可能出现的困难和挑战。学生可以共同分析实验步骤、讨论实验方案，并共同制订解决问题的策略。通过合作，学生能够从不同的角度思考问题，汇集各自的知识和经验，从而找到更好的解决方案。

四、教学反思

（一）学生参与度提高

通过采用探索性的实验设计和个性化的学习任务，学生的参与度明显提高。他们对实验充满了好奇心和兴趣，积极主动地参与实验操作和讨论，提出问题并探索解决方法。学生的学习动力和自主性得到了有效激发。

（二）学习效果提升

通过实践性的学习，学生在实验中不是被动地接受知识，而是能够将所学的理论知识应用于实际操作中。他们能够更好地理解化学原理和概念，并将其运用于解决实际问题。学生的实验技能和科学思维能力得到了显著提升。

（三）创新能力培养

学生被鼓励自主设计实验方案和解决问题的方法。他们需要思考创新的实验方法，改进实验步骤和分析实验数据。通过这样的实践，学生的创新能力得到了培养和发展。

（四）合作与沟通能力发展

学生进行小组合作，共同完成实验任务。他们需要相互协作，分享思路和解决问题的方法。通过合作实验，学生的合作能力和沟通能力得到了锻炼和提高。

《青蒿素：人类征服疾病的一小步》和
《一名物理学家的教育历程》群文教学案例

广东省梅州市大埔县田家炳实验中学　林露

一、设计背景

这两篇课文反映了人类在自然科学和人文社会科学多个领域中的探索及发现，展现了不同领域学者们的创新意识、探索精神和科学态度，可以激发我们对科学探究的兴趣和热情。

"群文阅读"已经成为当今大众阅读方式的惯常形态之一，而"群文教学"则是"群文阅读"在阅读教学活动中的具体落实，比纯粹的"阅读"要求更高、更细，但归根结底"群文"体现的是一种"联结、聚焦、比较、整合、融通"的思维和思想。本次教学把《青蒿素：人类征服疾病的一小步》和《一名物理学家的教育历程》两篇课文联合起来，探讨科学研究的艰辛与科学发现的乐趣，探讨科学思维方式，培养科学精神。

二、教学目标

（1）掌握知识性读物的阅读方法，学会在阅读时抓住关键概念、术语和语句，理解和把握文章主旨。

（2）人文目标：体会两位科学家的创新精神和探索精神，体会科学研究的艰辛，感受科学发现的乐趣。

三、教学重难点

（1）用图表形式表现作者的写作意图。

（2）体会科学家的创新精神和探索精神。

四、教学过程

学习任务一：

师：结合文本概括青蒿素的发现历程，并从文中找出每个阶段你认为能够表现其艰难的关键词或关键句，并加以说明。

生1：历程可以分为：发现青蒿素的抗疟疗效—从分子到药物—影响世界—发展与超越。

师：这个就是小标题的内容，我们再提炼一下第三部分和第四部分的内容。

生2：我觉得第三部分可以归纳为"普及和传播"，表现青蒿素在国内的普及和在世界的传播。

师：这个概括非常准确。那么第四部分呢？

生3：我觉得第四部分可以概括为"超越青蒿素"。

师：小标题是"发展与超越"，在发展的基础上创新就是超越，这个概括准确。

师：朗读第一小标题的内容，找出关键词。

生4：我觉得能体现发展历程艰难的关键词是：2000个方药、640个可能具有抗疟作用的方药、200个方药、380余种提取物。

师：这些关键词有什么特点？

生4：这些关键词都是数字。

师：数字背后反映了什么？

生4：数字背后反映了发展历程艰难。

生5：我觉得数字背后反映出研究工作的繁复，揭示了青蒿素研究工作的艰难。

师：这位同学就把理由解释清楚了。在这一连串的数字背后，我们可以看到文献检索和实验工作的浩繁，中国古代文献资料浩如烟海，最终作者团队才从东晋葛洪所著的《肘后备急方》中的一句话得到启示，足以证明研究工作的艰难。

设计意图：培养学生归纳、筛选、整合文本信息的能力。

学习任务二：

师：加来道雄模拟了鲤鱼的感受和心理，讲述了"鲤鱼故事"，鲤鱼的世界和人类的世界有何相似之处？挖掘作者叙述背后的隐喻和科学思考，完成表3。

表3

鲤鱼故事	在旧金山日本茶园观察鲤鱼，产生遐想		
故事要素	环境	主人公	情节
	池塘	鲤鱼，鲤鱼"科学家"	解释暴雨下睡莲的运动	一个鲤鱼"科学家"被抓出水面又放回
暗示			

生1：我觉得"池塘"暗示我们生活的宇宙；鲤鱼和鲤鱼科学家则暗示"我们"。

师："我们"具体指什么？

生2：我觉得具体指人类及人类中的科学研究者。

师：这个理解是正确的。

生3：解释暴雨下睡莲的运动，是暗示我们无法合理解释这种情况而杜撰某种虚构的东西。

师：这个理解还是只停留在表面。这种情况是什么情况？会不会是更高维度生物的有意识的活动？

生4：我觉得解释暴雨下睡莲的运动，是暗示我们无法合理解释多维空间的运动而强行杜撰。

师：是的，是多维空间，是比鲤鱼世界更高维的空间。那么"一个鲤鱼'科学家'被抓出水面又放回"又暗示什么？

生5：人们认为这个故事是怪诞的，不被大多数人承认。

师：为什么人们认为是怪诞的？

生5：因为他们不认为有更高维度的世界存在。

师：对，因为只有极个别人认为存在另外的"宇宙"，但这个观点不被大多数人承认。

师小结：就如同"鲤鱼"的世界和"人类"世界的关系一样，或许也存在着以我们现有的能力无法验证和呈现的"平行宇宙或多维空间"，我们的宇宙和维度与他们近在咫尺，又相隔天渊。

设计意图：培养学生的想象力，体会想象力对于科学家的重要性。

学习任务三：

师：两位科学家都获得了卓越的科学成就，他们两人都有怎样的科学精神与科学思维给同学们留下深刻印象？选择其中最打动你的一个事件进行概括叙述，并谈谈对你的启示。（学生上黑板演示）

生1：热爱中医药；不畏艰辛；锲而不舍，不断探索；勤于思考。

生2：不畏艰辛；担当精神；锲而不舍。

师：两位同学概括得非常好，下面我们一起总结一下。（老师展示幻灯片）

师：接下来请同学们概括加来道雄的精神。

生1：丰富的想象力；富于探索。

生2：强烈的好奇心；行动力强。

师小结（展示幻灯片）。

师总结：两位科学家都经历了大量文献阅读阶段、思考阶段和实践阶段，从两位的研究经历中，我们可以发现坚强的意志、执着的努力、善于思考、勇于实践、不怕失败等素养的重要作用。

师：同学们，通过学习，我们看到两位科学家不辞辛苦、不计名利，为的是全人类的发展与进步，这就是科学家精神。我们正处于中华民族伟大复兴的关键时期，实现科技自立自强，让关键核心技术掌握在自己手中，是我们的目标。作为新时代青年，我们更应弘扬科学家精神，刻苦学习科学文化，不畏艰难，不负韶华，勇担新时代重任。

设计意图： 展现科学家的科学精神，激起学生对科学研究的兴趣，向科学家致敬。

五、教学反思

（1）教学目标设计遵循了新教材编排的理念：按照学习任务群以及人文主题设计，在制定本课教学目标时，从"立德树人"和"培养能力"两个维度进行设计。但因为阅读量大和学生的理解能力比较弱，整个教学过程学生的自主意识不强，"培养能力"的完成度不高。

（2）在教学内容处理方面，屠呦呦这篇文章没有对人物的介绍，如果单纯解读文本，内容就显得较为单薄，课前有必要扩充一下课外的内容。此外，加来道雄的文章相关的术语难度较大，而且涉及多维空间的问题，需要补充相关的物理知识，学生理解起来会更容易。

（3）"培养能力"是此次课文教学的目标之一，本课主要采用任务驱动、以提问激发学生思考的教学模式，设计了三个任务。通过学生的细读，教师综合运用讲授法、讨论法、探究法等，有利于培养学生自主思考、自主学习的能力，但是课堂引导的方法还是有待于提高，可以多角度地引导学生去细读文本和思考问题。

学科素养在高中化学课堂教学中的探索与实践

——教学典型案例分析

广东省梅州市大埔县田家炳实验中学　廖志平

一、设计背景

按照传统课堂的方法进行氯气的讲授，由氯元素及氯气的结构到氯气的物理性质，再到化学性质及用途，内容比较完整、系统，但教学方法单一、呆板，学生参与课堂的积极性不高，容易疲劳，效果不佳。高一学生在初中时，已经学习了氧气、水、二氧化碳、金属、酸、碱、盐等物质，掌握了一定的学习元素化合物知识的基本方法，但自主学习能力弱，思维不活跃，还没有形成化学学科的学习习惯和方法，不能灵活运用知识，容易对化学学习逐渐失去兴趣。化学知识涵盖衣食住行，丰富多彩。为培养学生的科学探究能力，提高学生的学科素养、实验探究意识等各种能力，教师完全可以从生活和生产中挖掘素材，突出化学在社会生产、生活中的重要作用。所以笔者决定改变传统单一的授课方式，设计了以教师为主导、学生为主体的实验探究学习的模式，以问题引领，进行有效导学。以下是对其中一部分教学片段进行的分析，想与大家共同探讨。

二、理论指导

《普通高中化学课程标准（2017年版）》指出：学科核心素养是学科育人价值的集中体现，是学生通过学科学习而逐步形成的正确价值理念、必备品格和关键能力。高中化学学科核心素养是高中学生发展核心素养的重要组成部分，是学生综合素质的具体体现，反映了社会主义核心价值观下化学学科育人的基本要求，全面展现了化学课程学习对学生未来发展的重要价值。

化学学科核心素养包括"宏观辨识与微观探析""变化观念与平衡思想""证据推理与模型认知""科学探究与创新意识""科学态度与社会责任"五个方面。其中将高中化学必修课程内容分为五个主题，氯及其化合物知识属于"常见无机物及其应用"这一主题中的"海水中的重要元素——钠和氯"中的内容。在学习元素化合物的知识时，对于物质的性质，学生通常都是利用实验获得感性认识，再通过实验现象分析，得出结论，理解反应原理。化学是一门以实验为基础的学科，旨在培养学生的实验探究能力和创新能力。在学科核心素养的要求下，教师应当注重化学学科核心素养的五个方面在课堂教学中的渗透。因此，基于核心素养的教学探索和实践是当今课堂教学的必然要求。

三、教学要点描述

《氯及其化合物》是人教版化学必修1第二章第二节的内容。氯气与水的反应及氯水的性质和成分既是本节课的重点又是难点。如何用实验探究的形式让学生突破这个重难点也就成了本节课的教学重点和价值所在。为此，笔者设计了三个不同层次的问题，让学生讨论，要求学生设计实验，并进行探究。

第一个层次：

（1）提出问题：氯气能否溶于水？请设计实验进行探究。

（2）学生实验活动：对氯气的水溶性，学生主要有如下实验设计方案。

方案一：收集两瓶气体，向其中一瓶倒入少量水，振荡后，再与另一瓶氯气对比，观察集气瓶中颜色的变化。

方案二：将一支充满氯气的试管倒置于水槽中，观察试管中液面有无上升。

方案三：收集一软质塑料瓶氯气，向其中倒入适量水，观察塑料瓶是否变瘪。

（3）实验现象及分析。

方案一：观察到加水的集气瓶里的颜色虽然变浅了，但还有黄绿色。

方案二：观察到试管内液面上升了，但没有充满试管。

方案三：观察到软质塑料瓶变瘪了。

（4）得出结论。

三个实验的现象都能说明氯气是能溶于水的，得到的溶液可以叫氯水。

第二个层次：

（1）提出问题：溶于水的部分有没有与水发生化学反应？如果发生反应，那么生成了什么物质？如何检验产物？请设计实验进行探究。

（2）学生实验活动：学生先分小组进行讨论，他们根据反应物的元素种类及质量守恒定律，猜测如果发生反应，则可能有 Cl^-、酸（H^+）或者碱（OH^-），所以学生主要有如下实验设计方案。

方案一：将通入氯气后的水溶液滴到紫色石蕊溶液中或者将氯气直接通入紫色石蕊溶液中，观察溶液颜色的变化。

方案二：用 pH 试纸测溶液的 pH。

方案三：取少量氯水于试管中后，滴加硝酸银，观察现象。

（3）实验现象及分析。

方案一：观察到紫色石蕊溶液先变红后褪色了。

方案二：观察到试纸先变红后又变白色了。

方案三：观察到有白色沉淀生成。

（4）得出结论。

氯气溶于水时与水发生了反应，有氯离子和酸生成，应该是盐酸。但是有新的疑惑，为什么紫色石蕊溶液变红后又会褪色，pH 试纸先变红后又变白色了？难道还有其他物质生成吗？而且还能漂白，会是什么物质？

此时，教师演示氯水的漂白性实验，师生共同推测出结论：氯气与水反应产生了新的物质，并且这种物质有漂白性，继而引出氯气与水反应的化学方程式。

第三个层次：

（1）提出问题：氯水中是什么物质具有漂白性呢？是氯气、水、盐酸，还是次氯酸？请设计实验进行探究。

（2）学生实验活动：学生经讨论分析很快可以确定，水和盐酸没有漂白性，具有漂白性的可能是氯气或者是次氯酸。这时学生受到"pH 试纸变白了"的现象的启发，设计了如下实验方案。

方案：取干燥的和湿润的 pH 试纸各一条，分别放入两个盛有干燥氯气的集气瓶中，盖上玻璃片，观察现象。

（3）实验现象及分析：可观察到干燥的 pH 试纸没有变色，湿润的 pH 试纸变白色了。因为干燥的 pH 试纸在干燥的氯气中，没有次氯酸；湿润的 pH 试纸中的水与氯气反应生成了次氯酸。

（4）得出结论。

氯气没有漂白性，氯气与水反应后生成的次氯酸具有漂白性。

归纳：根据以上实验探究可知，氯气可溶于水，同时也可以与水发生化学反应生成盐酸和次氯酸，但新制的氯水仍然呈黄绿色，说明还含有氯气。新制的氯水具有漂白性，是因为生成的次氯酸具有漂白性，而不是氯气。

四、教学过程分析

由于学生还没有养成实验探究的习惯，为了能逐步引导学生设计实验并进行探究，在教学设计时，笔者特别设计成分层次的问题，层层递进，到达问题的核心——氯水的成分和性质。

在探究第一个层次的问题中，方案一的依据是氯气是有颜色的，如果溶于水了颜色会消失，但实验的现象让学生感到非常疑惑，跟原来的猜想有些不同。学生也很有研究精神和反思能力，认为会不会是集气瓶太大了，气体太多了，后来他们想到用试管收集，但不方便加水，且加水后容易排出气体，无法判断气体是否溶于水，最后才想到将试管倒立在盛水的水槽里，气体就不会"跑"了。结果跟方案一的现象相似，也还有浅浅的黄绿色，但试管内水位上升了，能确定氯气溶于水了。接着又有同学联想到初中时验证二氧化碳溶于水的实验，便又设计了方案三。

在探究第二个层次的问题时，学生的讨论过程更是精彩无比，天马行空，让人脑洞大开，有的猜想有氧气，有的猜想有氢气，有的猜想有酸，有的猜想有碱，但他们又在讨论中否定了不可能的，肯定了可能的，最后得出可能有 Cl^-、酸（H^+）或者碱（OH^-）并进行实验探究。设计方案一时，同学们想着，无论氯水呈酸性还是碱性，都可以用紫色石蕊溶液判断，但当他们观察到先是变红了，而后褪色时，整个课堂一片哗然，学生非常兴奋。"哪里出错了""怎么会这样""再试一次"教室里响起了这些声音，还有的同学拿起紫色石蕊溶液的瓶子反复看了好一阵，然后他们想到了，那就用 pH 试纸测一测，于是又设计了方案二。

当开始观察到 pH 试纸先变红时，他们就确定溶液是显酸性而不是碱性了，可很快就观察到试纸变白色了，这一次他们不认为是药品的问题了，很确定地认为是氯气与水反应生成的新的物质造成的。

实验探究到此，学生虽根据自己已有的知识，以及相互的讨论，顺利地设计并进行了实验，但心中也还存在一些疑惑。在这个关键时刻，需要教师解惑了，于是笔者也演示了"鲜花放入氯气中"的实验，通过实验现象与学生明确地说明：氯气与水反应产生了新的物质，并且这种物质有漂白性，继而引出了氯气与水反应的化学方程式。

在探究第三个层次的问题时，学生根据反应方程式讨论，能很快地确定：水和盐酸没有漂白性，具有漂白性的可能是氯气或者是次氯酸。因为他们对实验探究的方法和思路以及选材已经轻车熟路了，所以马上想到用干燥的和湿润的 pH 试纸分别放入两瓶干燥的氯气中进行检验。

五、教学反思

（一）收获

俗话说得好：没有大胆的尝试就做不出伟大的贡献。古往今来，许多著名人物的成功都是经过尝试得来的。通过本节实验探究课堂的尝试，笔者看到了学生对实验设计和操作的热情与渴望。他们从以前的"看实验现象"变成了"观察实验现象"，能在实验中发现异常，还能带着疑惑对自己的实验进行反思，想用更多的实验去验证猜想，这就是难能可贵的科学精神和科学素养。笔者还感受到了学生既想自我表现又能相互合作的情感。在思考问题、讨论和设计实验方案时，他们是绞尽脑汁地联系学过的知识，又天马行空地想象，还不忘记找出同学设计的实验方案的问题。他们就是在这样的磨合中，选择出最合理、最可行的实验方案，这就是培养学生"证据推理"最好的方式。当然，笔者也收获了大胆改变教学方式带来的成就感，这是传统的教学活动绝对无法实现的。将一个问题"碎片化"成若干个小问题，就能让学生积极参与、主动学习，提高学科素养和科学探究能力，何乐而不为呢？

（二）反思

任何一次新的尝试，在收获效果的同时必然会存在不足之处。本节实验探究课堂的尝试，第一，耗时太长，仅仅探究了"氯气与水的反应及氯水的性质和成分"中的部分问题，一节课还不太够。学生自主地思考、讨论、分析、确定实验方案，再实验验证，需要很长时间，如果大部分实验都以此模式进行，将无法完成高中教学任务。第二，由于学生之间的个体差异，导致这种需要思考和讨论的实验探究过程只有部分学生积极参与，还有一部分学生就是在看热闹。第三，在学生设计实验的过程中，有些是笔者没有预设到的情况，也就没有准备相应的实验仪器和药品，从而无法满足学生的探究欲望，导致实验探究不够严密。

（三）改进

综上所述，笔者认为，改变传统的教学活动为探究式教学活动还是非常有必要的，但需要不断地改进方法。首先，教师得备好课，根据课程标准要求以及实验内容特点筛选出更适合进行实验探究的课题，把握好"教学改革"与"教学任务"，"探究程度"与"知识点落实"两全其美的度。其次，教师还要将需要进行实验探究，学生自主设计实验的问题提前交给学生，并且把不同层次的问题交给不同层次的学生去完成。学生利用课外时间思考、讨论和分析及查阅资料，这样既能节省课堂时间，还能给学生更大的思考和交流空间，又可解决部分学生跟不上的情况，让所有学生都能不同程度地参与。

教学改革总是在不断探索尝试中进行的，每一次的尝试都会有收获，每一次的收获都能有效地促进师生的成长。

参考文献

［1］中华人民共和国教育部.普通高中化学课程标准（2017 年版）［M］.
　　北京：人民教育出版社，2018.

［2］冯永园.氯气的案例分析：化学教学中如何尽量地体现探究的理念
　　［J］.青年与社会·中外教育研究，2011（7）：162 – 163.

体重问题数学建模教学典型案例分析

广东省梅州市大埔县田家炳实验中学　刘钢发

一、设计背景

数学是研究数量关系与空间形式的科学，而数学模型恰恰是数量关系和函数模型的一个近似反映。函数模型是解释实际问题的一种工具，本节课是在学习幂函数、指数函数、对数函数之后，对这几个函数模型的分析与应用，为后续数学建模过程中科学选用函数模型提供依据。组织这类的数学建模活动有助于学生能力的培养，增加学生学习数学的兴趣。

二、学情分析

高一（20）班全体 50 名学生。全班同学已掌握了函数的基本概念、性质，掌握了基本初等函数如指数函数、对数函数、幂函数、函数与方程思想等，知道度量拟合优度的统计量可决系数 R^2，Excel 工具软件拟合函数的应用。学生初步具备建立函数模型的知识基础。

三、教学目标

本次教学的目标是让学生在数学建模过程中，借助信息技术，分析、挖掘数据，让数据会"说话"。类比指数函数模型、二次函数模型，发现解决实际问题的方法，并从中体会数学建模的一般步骤，提高协作意识，感受数学在实际生活中的魅力。

情感态度与价值观：

（1）喜欢数学建模，喜欢思考如何用数学模型对生活中的实例进行解释；

（2）从探索的过程中，由好奇到验证，体会到学习数学的成就感；

（3）感受数学与生活的联系，感受生活中处处有数学。

四、教学内容

本次教学内容是在函数知识和简单统计学知识背景下的数学建模活动，体现了数学猜想、数学验证的数学思维方法。重点是让学生体会实际生活中的数据转化成数学问题，建立函数模型解决实际问题。难点是对数据的分析，怎样建立、评判数学模型解决实际问题。

五、教学过程

（1）教师把学生分成三个小组，给出问题：

这些数据有什么规律（作出散点图，正确理解、挖掘数据信息）？用什么方式来描述这个规律（数学语言描述，尝试抽象成数学问题）？这个规律有对应的数学模型吗（类比各种已知模型，建立严密模型）？这个模型准确吗（验证数学模型)？可以解决提出来的问题吗（数学模型应用）？引导学生进行合作探究。针对这几个问题，各小组进行思考，并且利用信息技术手段进行数据的分析、整理。

（2）学习小组组内交流。各个小组在组内进行交流，讨论出一个组内的建模方案。

（3）学习小组派出代表进行交流。各个小组经过讨论选出两人陈述本组的建模方案。

（4）教师点评。教师对学生的小组活动进行总结，并根据方案的合理程度打分，学生在教师的引导下，进行反思。

（5）布置课后作业。学生写报告，教师给出奖励。

六、教学评价

本次课以交流、数学研究报告评比的形式进行评价。交流主要是进行课上的建模心得交流。教师根据学生方案的合理程度当堂打分。课后学生还要上交数学建模的研究报告。研究报告的主要标准是：数学模型背景描述准确，数学模型构建严密，数学模型解决方案的设计合理。教学工具：PPT，Excel 工具软件。

七、教学实录

问题提出：某地区不同身高的未成年男性的体重平均值如表4。

表4

身高（cm）	60	70	80	90	100	110	120	130	140	150	160	170
体重（kg）	6.13	7.90	9.99	12.15	15.02	17.50	20.92	26.86	31.11	38.85	47.25	55.05

根据提供的数据，能否建立恰当的数学模型，使它能比较近似地反映这个地区未成年男性体重 y（kg）与身高 x（cm）的函数关系？若体重超过相同身高男性平均值的1.2倍，为偏胖，低于体重平均值的80%，为偏瘦，那么这个地区一名身高为175 cm，体重为78 kg的在校男生体重是否正常？根据实际情境直接解决问题。

学生对于这种数据的分析，直观上是没有任何线索的。必须让学生画出散点图，观察其中的趋势，分析数据中隐含的有效信息。笔者在进行这个教学活动的时候，采用课题小组的形式，把学生根据成绩分成了三组，要求这三组找到解决问题的方法，或者组与组补充、探讨，看哪个模型更具说服力。

对于例题，教师要对学生进行必要的引导，由学生自己根据数量关系，归纳概括并猜想出函数模型，教师应在数量关系的分析、函数模型的选择上作出指导，尽量让不同组的同学选择不同的函数模型，以便在后面作对比。笔者要求学生按照下面几个问题来进行分析。

（1）这些数据有什么规律？

（2）用什么方式来描述这个规律？

（3）这个规律有对应的数学模型吗？

（4）这个模型准确吗？

（5）可以解决提出来的问题吗？

我们为了研究身高和体重之间的关系，利用计算机作出了散点图，然后让学生观察和思考所作的散点图与已知哪个函数的图像最接近，从而选择这个函数模型。

我们来看第一组的散点图（如图23），这些点的连线是一条向上弯的曲线（正确理解情境）。由此发现指数函数模型 $y = a \cdot b^x$ 的图像可能与散点图吻合得比较好，选取这个函数模型来近似描述这个地区未成年男性体重 y（kg）和身高 x（cm）的函数关系（用数学语言描述，尝试数学抽象）。

散点图

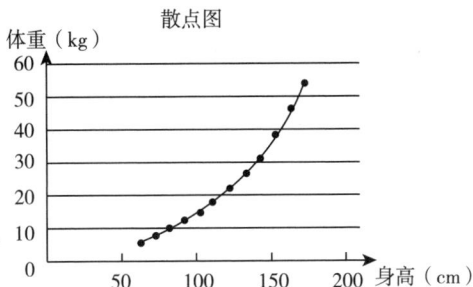

图 27

如果在数据中取两组数据（60，6.13），（70，7.90）代入（建立严密模型）$y = a \cdot b^x$ 中得到 $7.9 = a \cdot b^{70}$，$6.13 = a \cdot b^{60}$。

由计算器，计算出近似的结果：$a \approx 1.338$，$b \approx 1.026$。

这样我们就得到了一个关于身高和体重的模型：$y = 1.338 \times 1.026^x$。

我们通过已知数据代入检验发现，函数 $y = 1.338 \times 1.026^x$ 不能很好地反映该地区未成年人体重与身高的关系。

教师：如果任意选取另外不同两点呢？会有什么不同的结论？

尝试选取（70，7.90），（160，47.25），计算出来的效果好了很多。

学生通过多次选点计算出不同表达式，通过对比分析，得出结论：用这种方式计算得出的指数函数模型，如果点选取得不好，偏差大，那么应该选哪两个点呢？这是一个非常庞大的计算量，会出现比较大的偏差，效果不好，他们迫不及待地想得到更好的解决方式。

教师：为你们刚才的表现点 N 个赞！

针对第一组出现的问题，教师通过启发第二组进行改进，考虑用计算机信息技术进行拟合，如图 28 所示：

散点图

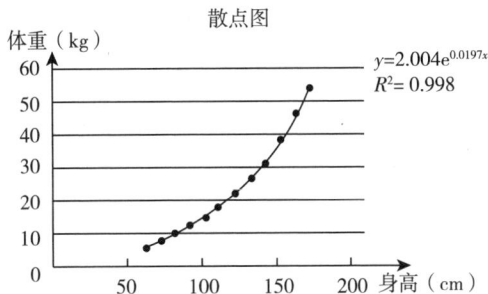

$y = 2.004e^{0.0197x}$
$R^2 = 0.998$

图 28

由计算机得出 $y = 2.004 \times e^{0.0197x}$，指数函数的拟合程度 $R^2 = 0.998 > 0.9$，说明这个指数模型和实测数据的吻合程度达到了 99.8%，由指数构成也可以看出拟合效果非常好。由上可得：（验证数学模型）$a = 2.004$，$b = e^{0.0197}$，根据这个公式，我们计算身高为 175 cm 的学生的平均体重是：$y = 2.004 \times e^{0.0197 \times 175} \approx 62.96902$。

这样，由于 $78 \div 62.96902 \approx 1.238704 > 1.2$（数学模型应用），所以这个男生偏胖。

第一、二组的同学非常高兴。

教师：非常精彩！

听学生阐述了由浅入深的方案后，教师非常开心，学生完全掌握了数学建模的探索精神，无论是从对数据的分析，模型的确立，还是对模型的检验，都把信息技术用得恰到好处！

对于这样一个方案，教师毫不吝啬地给出了 98 分的高分！

模型拓展：我们知道人口模型也是指数增长模型，其实我们可以用同样的方法研究我们课本上的人口增长模型，预测人口增长趋势。

教师：那么第三组呢？他们的思路又是什么呢？他们也利用计算机作出了散点图，但他们选择的是二次函数模型，我们来看看（如图 29）。

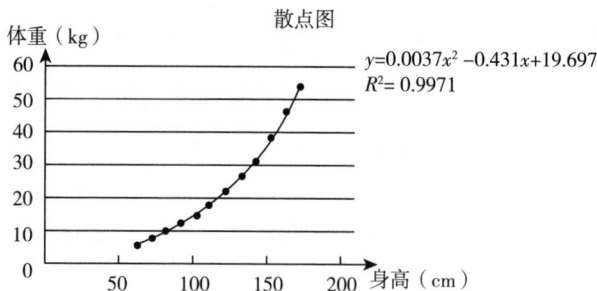

散点图

$y = 0.0037x^2 - 0.431x + 19.697$

$R^2 = 0.9971$

图 29

通过散点图可知，这些点的连线是一条向上弯的曲线。发现二次函数 $y = 0.0037x^2 - 0.431x + 19.697$ 的图像可能与散点图吻合得比较好，拟合程度 $R^2 = 0.9971 > 0.9$，说明这个二次函数模型和实测数据的吻合程度达到了 99.7%，由多项式曲线也可以看出拟合效果也还可以，我们不妨按题目要求计算一下 175 cm 学生的体重。

从图 3 得到：$a = 0.0037$，$b = -0.431$，$c = 19.697$。

根据这个公式，我们计算身高为 175 cm 的学生的平均体重：

$y = 0.0037 \times 175^2 - 0.431 \times 175 + 19.697 = 57.5845$。

这样，由于 $78 \div 57.5845 \approx 1.3545 > 1.2$，所以这个男生偏胖。

对于这样一个方案，教师也非常高兴地给出了 93 分的高分！

模型拓展：二次函数模型是高中阶段应用最为广泛的模型，在高考的应用题考查中较为常见，比如解决利润最大、效率最高等问题。

提出问题：同学们，三组同学都做得非常棒，那么对于这两个模型，我们该怎么评价呢（指数模型：由红线可以看出拟合度比较好，也更接近实际情况；二次函数模型：由多项式线可以看出拟合度比指数模型稍差，R^2 也稍小一点，但两者都没有错误）？

现在我们可以采用残差分析法来评判两个模型的效果，针对第一个和第二个模型，在误差上做一些比较。

误差分析：针对模型（一）$y = 2.004 \times e^{0.0197x}$，我们对其进行误差分析（表5）：

表5

身高（cm）	60	70	80	90	100	110	120	130	140	150	160	170
体重（kg）	6.13	7.90	9.99	12.15	15.02	17.50	20.92	26.86	31.11	38.85	47.25	55.05
估算体重（kg）	6.53	7.96	9.69	11.80	14.37	17.50	21.31	25.95	31.6	38.48	46.86	57.06
误差	6.53%	0.76%	3.00%	2.88%	4.33%	0.00%	1.86%	3.39%	1.58%	0.95%	0.83%	3.65%

针对模型（二）$y = 0.0037x^2 - 0.431x + 19.697$，我们对其进行误差分析（表6）：

表6

身高（cm）	60	70	80	90	100	110	120	130	140	150	160	170
体重（kg）	6.13	7.90	9.99	12.15	15.02	17.50	20.92	26.86	31.11	38.85	47.25	55.05
估算体重（kg）	7.16	7.66	8.90	10.88	13.60	17.06	21.26	26.20	31.88	38.30	45.46	53.36
误差	16.80%	3.04%	10.91%	10.45%	9.45%	2.51%	1.63%	2.46%	2.48%	1.42%	3.79%	3.07%

分析： 针对上面两个表，虽然两个模型的 R^2 都非常接近 1，但我们发现模型（一）比模型（二）的误差小，特别是身高为 60，80，90，100 的时候，模型（二）的误差太大了，所以我们选择模型时不要只看 R^2，还要分析误差，作为评判模型是否更优秀的标准。

教师： 你们做得都非常好，但是为什么不是满分？因为一个出色的数学建模还需要一个好的文字报告，课后做一个报告吧，看哪个小组的报告把问题阐述得最清楚！一定会给奖励。（学生欢呼）

八、教学反思

这次数学教学活动后，笔者对如何组织数学建模教学活动进行了总结。组织数学建模活动，要注意三个方面：

第一，要重视学生的参与和研究过程，不要对结果的准确性太苛刻，关注学生创新性，关注内容的现实性、真实性以及模型的有效性。

第二，要充分发挥学生的主动性，通过师生之间、学生之间的提问与交流给出定性评价。

第三，恰当地使用信息技术，可以起到激发学生兴趣的效果。数学建模报告及评价中记录了学生的成长过程，可作为反映学生数学学习过程的资料。

九、课后作业

（1）对本次建模每个小组做一个文字报告。

（2）某数学老师身高 176 cm，他爷爷、父亲和儿子的身高分别是 173 cm、170 cm 和 182 cm。因为儿子的身高与父亲的身高有关，所以该老师用线性回归分析的方法预测他孙子的身高为_____ cm。

以该题为例，同学们采集相关数据探究：

①利用信息技术进行数学建模；

②观察模型拟合度 R^2 值和误差分析；

③写出建模过程及模型可行性报告。

数学建模课后，教师对学生进行了访谈：

很多同学对数学建模兴趣高涨，希望能多多上数学建模课，他们说在数学建模课上终于"用上"了数学，将实际生活与基本知识相联系，真正地实现了从生活中来，到生活中去。

十、学生评价

高一（20）班的同学这样说："数学建模让我们学到了很多，过去我们很难在日常的学习生活中体验到数学的魅力。现在体会到了，而且开始'用'数学了，以前数学是多么抽象，现在好像没那么抽象了，我们也更有信心学好数学了。"

高中数学高质课堂优秀教学案例

——以人教版"抛物线"为例

广东省梅州市大埔县田家炳实验中学　汤小端

一、设计背景

本次教学案例选自人教 A 版选择性必修第一册第三章"3.3　抛物线"的教材内容，主要包括抛物线的概念及其标准方程，抛物线的简单几何性质这两大部分，是前两课"椭圆"和"双曲线"知识的进一步延伸。对于高中阶段的学生来说，因为有了前两课的教学铺垫和引导，在理解抛物线的几何要素、特征和标准方程时，教师可以利用类比的方式，来进行教学辅导和印象加深。同时，为了提高学生对高中数学的学习兴趣，降低数学知识的学习难度，教师可以适当引入一些生活元素和案例，来实现高中数学课堂的质量提升。

二、教学过程

（一）构建教学情境，完成抛物线概念导入

高中阶段的学生对日常生活已经有一定的认知基础，教师为了激发学生对本节课数学知识的学习和探究兴趣，可以引入生活中的常见事物，调动学生的学习热情。

师：同学们，你们是否留意过在篮球场上投篮时篮球经过的路线是什么样的？

学生们纷纷回想，有说是直线的，有说是曲线的。

师：我们在课堂上进行一下现场试验。请两名同学上台，帮我将这两团废纸扔入教室后面的垃圾筐里。其他同学一定要认真观察，这两团废纸飞行过的

路线。

师：同学们看黑板，刚才的路线是不是由手部发力，慢慢上升、向前，到达最高点处，又开始下落、前行，最后进入垃圾筐？

学生纷纷点头称是。

师：这种曲线在数学知识中，有一个非常贴切的名字，叫作抛物线。我的理解是抛物体所得来的曲线，确实非常形象。

学生纷纷赞同，并将曲线的直观印象和抛物线名称进行匹配完成。

师：当然，这是我们日常的理解和非严谨的认知。在数学上，我们有专门的抛物线概念，请看大屏幕。

通过多媒体课件，将椭圆、双曲线和抛物线的几何特性进行梳理，指出点 M 到定点和定直线的距离相等时，即距离比 $K=1$ 时，才会出现抛物线的几何形状。然后将整个抛物线的作图过程进行展示（图 30），语言和具体画图步骤的搭配，能够让学生更为直观地理解抛物线中各种几何元素对应的几何特征，并由此总结出抛物线的概念。

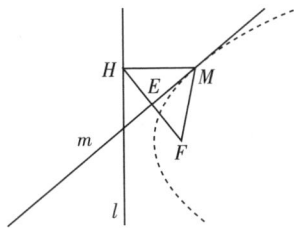

图 30

师：让我们对整个作图过程进行总结。首先，什么叫抛物线？

生：在平面内，与一个定点和一条定直线（这个定点不在这条定直线上）的距离相等的所有点组成的轨迹，就叫作抛物线。

师：所有点组成的轨迹，有一点重复，直接可以描述为"到一个定点和一条定直线的距离相等的点的轨迹"，就可以了，非常好！第二个问题，这个作图中的定点 F 叫什么？定直线 l 又被称为什么？

生：定点 F 被称为这条抛物线的焦点，定直线 l 被称为这条抛物线的准线。

（二）借助直角坐标，完成抛物线标准方程的推导

在进行椭圆和双曲线的标准方程的推导时，多数教学采用的是坐标法，教师可以通过回忆前两种曲线方程的推导方法，引导学生进行知识迁移，完成抛物线标准方程的推导。

师：请同学们回顾一下，我们前两课在学习椭圆和双曲线的标准方程的推导时，采用的是什么方法？

生：建立直角坐标系的方法。

师：非常正确！我们刚才通过作图，将抛物线的概念进行了定义，并且从中找到三个几何要点，分别是什么？

生：抛物线的焦点，抛物线的准线和抛物线本身。

师：准确。那么我们结合这三个几何要点，怎样进行平面直角坐标系的建立呢？我们看一下大屏幕。（出示图 31、图 32、图 33）

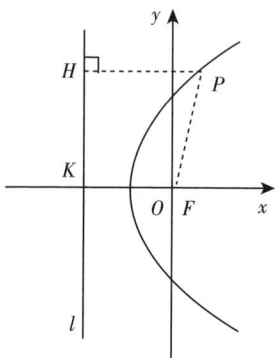 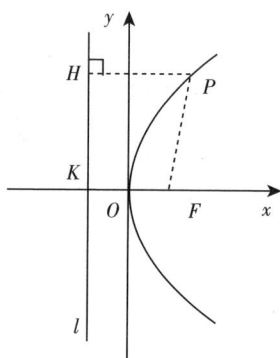 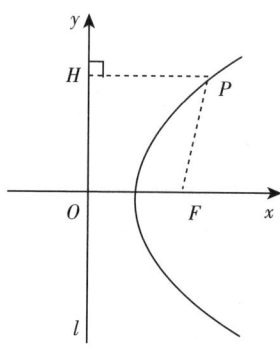

图 31　　　　　　　　图 32　　　　　　　　图 33

师：请大家观察这三幅抛物线的定位，其中点 F 是抛物线的焦点，直线 l 是抛物线的准线，再加上抛物线本身。请大家结合自己的已有知识来进行预测，上面这三种定位方法，哪一种得出来的抛物线方程是最简单的呢？

学生众说纷纭，但是认为第二种最简单的占据大多数。

师：我们先看一下，这三幅图片之间是什么关系？

生：水平坐标没有太大变化，垂直的 y 轴发生了平移。

师：观察得非常仔细！通常，我们为了更好地定义抛物线的几何性质，将图 3 的构建方法作为抛物线的标准方程的平面直角坐标系建立方法。至于为什么不用剩下的两种，稍后给同学们时间，根据我们的推导过程进行这两个方程的建立。

教师将第二幅图片放大，用不同颜色标注出 x 轴和 y 轴。而后给线段 KF 赋值为 p（其中 p 要大于 0），由此可以得出焦点 F 的坐标为 $\left(\dfrac{p}{2}, 0\right)$，准线 l 的方程为 $x = -\dfrac{p}{2}$。

师：我们从抛物线的定义中，可以知道抛物线上的点 $P(x, y)$ 到焦点和到准线的距离相等，下面请同学们根据坐标法列出 $|PF| = |PH|$ 的对应等式。

学生通过坐标系法来列出这个等式，而后进行计算，从而推导出最后的抛物线方程。

师：同学们都得出结论了吗？看一看，是否跟老师的结论 $y^2 = 2px(p > 0)$ 一致？有哪位同学将自己的推导步骤分享一下？

请学生上台，将整个推导步骤进行讲解，教师在出现描述不足时予以适时补充，让多数学生都能够了解抛物线标准方程的由来。

（三）实施类比探究，完成抛物线特点认知

师：我们刚才看到三条能够平移的抛物线，知道我们推导出来的这个 $y^2 = 2px(p > 0)$ 只是抛物线的最简方程，但是，这条抛物线不仅能够平移，它还能选择，让我们看一看不同开口的抛物线究竟会是一种什么效果？（表7）

表7

图形	标准方程	焦点坐标	准线方程
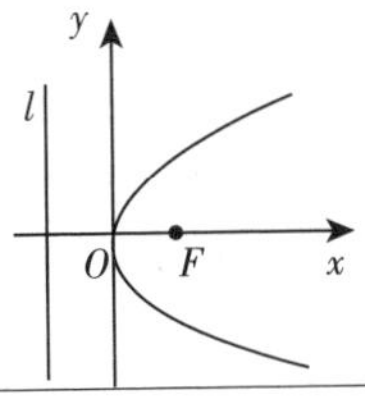			
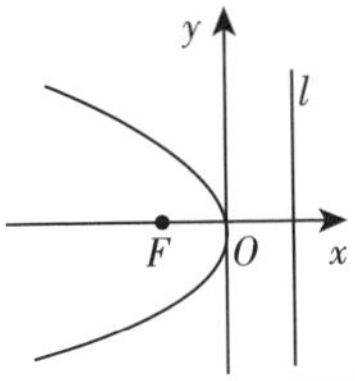			
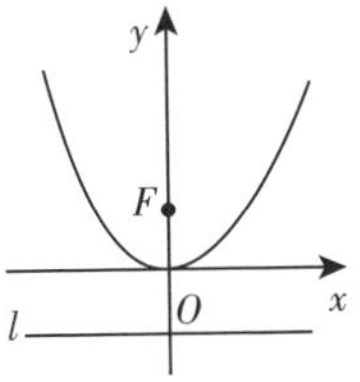			
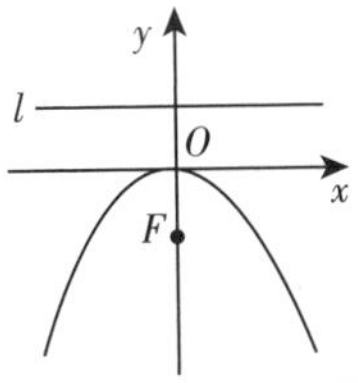			

师：我们来仔细观察一下，第一个图形是我们刚才推导出来的，开口向右，请同学们将刚才我们推导出来的标准方程、焦点坐标和准线方程填到空格中。

师：第二个图形，抛物线的开口向左，我们仍旧将焦点 F 到准线 l 的距离定为 p（p 大于 0），请同学们根据我们之前的推导方法，来完成第二个图形的标准方程、焦点坐标和准线方程的推导和填写。

学生结合坐标法，先将焦点坐标和准线方程列出，而后再通过推导得出对应的抛物线的标准方程。

教师和学生一起推导剩下两个图形的不同方程，完成抛物线标准方程的初步应用探究。

师：我们通过坐标法，将四种不同朝向的抛物线都进行了推导，绝大多数学生已经基本掌握，有一些没有完成的同学留到课下再继续进行探究。我们接下来回到图 3 所展示的抛物线，研究一下抛物线的简单几何性质。

师：请大家看抛物线，我们根据图形和对应的坐标定位，来分析这样几个问题：抛物线的范围、对称性、顶点、离心率，请同学们跟着微课的讲解，结合教材中的定义，完成这四个几何性质的了解和认知。

（四）结合生活实际，完成抛物线实践应用

数学知识与实际生活息息相关，在进行理论知识的实践应用时，教师可以适当找出与生活相关的案例和素材，添加到习题训练当中，这样既能够拓展学生的文化视野，还能够拉近学生与数学之间的距离。

师：理论知识与实际生活是相互匹配的。我们刚刚学习了抛物线的相关知识，那么在生活中有哪些素材与抛物线是相联系的呢？

生：投篮球、天眼、石拱桥等。

师：群众的眼睛是雪亮的。我们就有一道关于"石拱桥"的练习题，请看屏幕：家门口的石拱桥的跨度是 6.2 米，高度是 3 米。请问：能够根据这个参考数值，建立一个适当的平面直角坐标系，求出由石拱桥抽象出来的抛物线的标准方程和对应的焦点坐标吗？

教师与学生一起探讨题意，然后结合石拱桥抽象出来的抛物线图形，来进行平面直角坐标系的建立，而后让学生用待定系数法进行求解，从而培养学生解决实际问题的意识和能力。

最后结合教材中的例题，完成整个抛物线的实践应用训练。

（五）开展课堂小结，完成抛物线内容归纳

教师通过多媒体课件或板书形式，将本节课的内容进行小结，帮助学生进行知识回顾和重点标记。具体内容如下：

（1）类比椭圆和双曲线，抛物线的几何特征和概念是什么？

（2）抛物线的标准方程及其推导过程是什么？

（3）抛物线的简单几何性质有哪些？

三、教学反思

因为前面有椭圆和双曲线的铺垫，所以本次教学案例的实施比较顺利，学生的反响也比较好，对抛物线的概念、方程和性质等都理解得比较到位。但因为时间原因，没有将抛物线和二次函数放在一起探讨，这部分内容只好留给学生作为课后的探究作业，进行拓展能力的提升。

学科素养在高中数学课堂教学中的探索与实践

——"平面向量的数量积"教学典型案例分析

广东省梅州市丰顺县华侨中学　危帅

在当前数学教育的发展中，提高学生的数学核心素养已经成了教育界的共识。在这个过程中，课堂教学作为教育的主要载体，也承担着重要的任务。因此，本文将通过"平面向量的数量积"教学典型案例探讨在课堂教学中如何提高学生的数学核心素养。

一、设计背景

我们知道引入向量概念后，建立向量的运算体系至关重要，前面已经学习了向量的加法、减法运算，自然对于向量的乘法该如何定义就是我们要去思考的。教科书中以物理中力做功为背景引入向量的数量积。向量的数量积是一种新的向量运算，与向量的加法、减法、数乘运算一样，它也有明显的物理意义、几何意义，用途广泛。

二、教学目标

对于本节课的教学，我们需达成以下三个目标：①通过物理中"功"的求法，理解平面向量的数量积的含义及其物理意义；②进一步探究两个向量的夹角对数量积符号的影响及其有关性质；③能运用向量的数量积表示两个向量的夹角，会运用数量积判断两个向量的垂直关系。

三、教学设计与评价方式

在教学设计中，采取问题引导方式来组织课堂教学。数量积的概念既是本节课的重点，也是难点。为了突破这一难点，首先，无论是在概念的引入还是应用过程中，物理中"功"的实例都发挥了重要作用。其次，作为数量积概念延伸的性质和运算律，不仅能够使学生更加全面深刻地理解概念，同时也是进行相关计算和判断的理论依据。通过问题设置给学生留有充分的思考空间，让学生围绕问题主线，通过自主探究达到突出教学重点，突破教学难点。在教学过程中，重视数量积的概念和运算律，让学生在类比的基础上体会从特殊到一般是数学抽象的基本过程。因此，本节课的教学是实施数学具体内容的教学与核心素养教学有机结合的尝试。

我们学校位于农村里面，学生的基础非常薄弱，学生的主观能动性较差，学习不够主动，数学运算能力有待提高，所以，在实际教学中，我们得多提问、多引导，以问题为导向，以目标为引领，精准教学，提高学生的积极性，同时通过学生自我评价、小组评价和教师评价检验学生的学习成效。

四、教学过程

教学活动1：

教师：前面我们学习了向量的加、减运算，类比数的运算，出现了一个问题，向量能否相乘？如果能，那么向量的乘法该怎么定义？

学生思考。

教师：在物理课中，我们学习过矢量相乘的运算吗？大家先回顾一下，物理中有哪些常见的矢量？哪些矢量可以进行相乘运算？

学生：位移、速度、加速度、力等物理矢量，力和位移可以相乘。

教师：在物理课中，我们学习过功的概念，如图34所示，力 F 作用在物体上产生了位移 s，如何计算力 F 所做的功？你能分析一下"功"的定义中所涉及的要素吗？

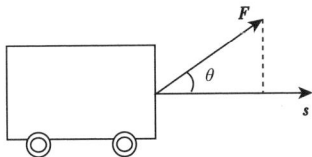

图34

学生：功 $W = |F||s|\cos\theta$，要求物体所做的功，需要知道力的大小、位移的大小，还有力 F 和位移 s 的夹角 θ。（学生可能回答 $W = |F||s|$，引导学生回答图1中的力对物体所做的功是多少）

教师：类比力做功的物理模型，如何计算两个向量相乘？

学生思考。

教师：刚才有学生回答功 $W = |F||s|$，少了什么量？计算两个向量相乘首先需要定义什么量？

学生：两个向量之间的角度。

教师：功是由位移和力两个向量确定的，可以把功看作两个向量相乘的结果。力和位移的大小对应向量的模，力和位移的夹角对应向量的夹角。因此需要先定义向量的夹角概念。

教师给出向量夹角的定义，并根据一组题目来检测学生对定义的理解。

教师：下面，我们请两名同学找出下列两个向量 a 和 b 的夹角的大小是多少（如图35）。（请同学上来板演）

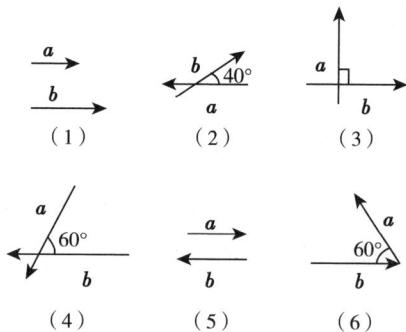

图 35

学生在解答过程中，第（1）题和第（5）题出现错误，说明学生对于两向量共线时的夹角把握不到位，同时第（6）题夹角写成了60°。两个向量夹角的定义是指同一点出发的两个向量所构成的较小的非负角，因此，向量夹角定义理解不清而造成解题错误是一个常见的误区。同时利用向量的数量积，可以解决两向量垂直的问题，要深刻理解两向量垂直的充要条件，应用的时候才能得心应手。解决方案：数形结合让学生体验夹角的概念，强调夹角一定是共起点的最小角。

设计意图：向量的概念和运算有物理背景，在学习向量和向量线性运算的过程中，借助物理背景认识向量是一个重要的途径和方法。通过向量相乘运算的探索，启发学生联系已学的物理知识，分析物体受力做功的计算公式中涉及的位移、力、夹角和功这四个要素，为定义向量数量积的概念做好认知准备，并引出向量夹角的概念。从力做功的物理示意图抽象到向量夹角，培养学生数学抽象的能力。明确向量夹角的范围后，再通过动态图展示，辨析向量具有特殊位置关系时的夹角大小，又体现了从一般到特殊的数学思想，也为后续研究向量数量积的性质做铺垫。

教学活动 2：

教师：我们已经定义了两向量的夹角，也回顾了物理中计算功的公式，如果我们将公式中的力与位移推广到一般向量，其结果又该如何表述？

学生：功是力与位移的大小及其夹角余弦的乘积；数量积是两个向量的大小及其夹角余弦的乘积。

在学生自主探究的基础上，教师再进行总结并给出严格的数量积定义：已知两个非零向量 a 与 b，它们的夹角为 θ，我们把数量 $|a||b|\cos\theta$ 叫作向量 a 与 b 的数量积 ［或内积（inner product）］。记作 $a \cdot b$，即 $a \cdot b = |a||b|\cos\theta$。

规定：零向量与任意向量的数量积为 0。

教师：两个向量线性运算（加法、减法、数乘）的结果还是向量，两个向量的数量积还是向量吗？

学生思考。

教师：物体做功有方向吗？它是矢量还是标量？

学生：没有方向，是标量。

教师：所以两个向量的数量积是什么？

学生：是实数。

教师：两个向量数量积的大小与什么量有关？

学生：两个向量的模长和夹角。

教师：物理中做功有做负功的情况吗？

学生：有。

教师：那么两个向量数量积的大小可以为零或者为负数吗？

学生：可以。

教师：什么时候数量积为零？

学生：模长为零时……

教师：还有吗？

学生思考：$\cos\theta = 0$ 时。

教师：$\cos\theta = 0$，此时向量夹角为多少度？它们的位置关系是怎样的？

学生：夹角为 $90°$，两向量互相垂直。

教师：那两个向量的数量积什么时候为正？什么时候为负？请同学们自己先归纳一下，并填写表 8。

表 8

角 θ 的范围	$0°\leqslant\theta<90°$	$\theta=90°$	$90°<\theta\leqslant 180°$
$\boldsymbol{a}\cdot\boldsymbol{b}=\lvert\boldsymbol{a}\rvert\lvert\boldsymbol{b}\rvert\cos\theta$ 的符号			

学生思考，完成表格。

设计意图： 先让学生尝试自己给出数量积的定义，然后再在教师的引导下补充完善。并通过追问更加全面、到位地认识向量的数量积，让学生体会数学定义的完备性，培养学生数学思维的严谨性。同时，让学生从"数"的角度认识向量数量积的概念，使学生认识到向量的数量积与向量线性运算的结果有本质不同。再从"形"的角度，认识到向量夹角是决定向量数量积符号的重要因素，将数量积的正负和夹角大小对应起来，为后面研究投影向量及性质打下基础。整个过程启发学生深刻分析和认识数学对象，提升数学抽象、直观想象的核心素养。

教学活动 3：

教师：通过本节课的学习，你有哪些收获？试从知识、方法、数学思想、经验等方面谈谈。

学生独立思考后小组交流，由小组代表进行汇总发言。

教师：最后，请同学们完成下列两组题目，并对完成情况先自我评价，然后小组成员之间相互评价，我请几名同学来谈谈解法。

学生先独立完成，而后小组成员间核对解题结果，进行评价。

教师：请各组同学派代表上台解答，并对本节课所学知识进行评价。

教学评价见表 9。

表9

评价内容	评价结果								
	自我评价			小组评价			教师评价		
	一般	良好	优秀	一般	良好	优秀	一般	良好	优秀
理解平面向量夹角的定义,会求向量的夹角									
理解平面向量的数量积的含义,能熟练求向量的数量积									
理解投影向量的含义,能利用向量数量积的性质解题									

设计意图: 对本节课作小结提炼,让学生进一步理解平面向量数量积的运算律。通过学生独立思考,小组交流总结本节课所学内容,谈谈各自的收获和感受,体会知识发生发展的过程,更好地理解本节课的重难点,同时通过两组题目进一步检测学生掌握的程度,并对本节课学习的效果进行自我评价、小组评价和教师评价,总结自己的学习收获,发现自身存在的不足。

五、教学问题诊断分析

(1)由于我们是山区农村学校,学生的基础较为薄弱,对已学知识点掌握不牢固,对跨学科知识点理解不透彻。例如:我们在讲解数量积定义时,引入了物理中如何计算力 **F** 所做的功,很多学生对于物理中求功的公式已经忘记,对"功"的定义中所涉及的要素更是不清楚,这些都对我们的教学效果产生很大影响。解决方案:必须提前引导学生去复习学过的知识,尤其是相关的物理知识。

(2)学生的运算水平普遍较差,很多学生对公式能熟记和理解,但不会计算,甚至一算就出错,简单的运算花费时间过长,以前学过的相关知识遗忘。例如:在求两个向量的数量积时,部分学生不会求特殊角的余弦值,而在求两向量的夹角时,计算出夹角的余弦值时,又不会求对应的夹角,或者弄混特殊角的三角函数值。解决方案:平常加强学生的基础运算,对于已经学过的公式加强记忆,对特殊角的三角函数值进行背诵默写,提高运算能力。

(3)对于向量的数量积运算,学生容易受实数乘法运算性质的负迁移的影响,可能出现一些错误,教师要尽可能地引导学生举一些反例,纠正错误。解决方案：引导学生借助画图、举反例来澄清认识，体会向量运算与实数运算的差异。

（4）学校设备落后，教育资源配置不足，一个班学生人数较多，这些给我们的实际教学带来了一定困难。例如，我们这节课因为教室多媒体设备较差，只能到专门的多媒体教室统一教学。

《离散型随机变量及其分布列》（1 课时）教学案例分析

广东省梅州市大埔县田家炳实验中学　张小芬

一、设计背景

研究随机现象的规律性，首先需要建立试验的样本空间，用样本空间的子集表示随机事件，进而根据样本空间的特征建立概率模型，计算事件的概率。接着建立一系列概率运算法则求复杂事件的概率，在此基础上，引入随机变量，使我们可以量化地描述各种随机现象、随机变量的数字特征，为决策提供依据。

随机变量和普通变量有着很大的不同。通过具体实例，有助于更好地理解用随机变量刻画随机现象，理解随机变量与随机事件的关系，深入体会随机思想在解决实际问题中的作用。

基于以上的分析，确定本节课的教学重点：随机变量的概念与离散型随机变量的分布列。

二、教学目标

目标：通过具体实例，了解离散型随机变量的概念，理解离散型随机变量的分布列。

目标解析：学生能通过建立样本点与实数之间的关系，知道随机试验样本空间 Ω 中的每一个样本点 ω，都有唯一的实数 $X(\omega)$ 与之对应。会根据概率的性质获得离散型随机变量的分布列的性质，会求简单的离散型随机变量的分布列。在此过程中提升数学抽象、逻辑推理、数学运算等素养。

三、教学分析

随机变量概念的形成过程是具体问题数学化的过程，对学生的抽象思维能力有较高的要求。由于学生对随机问题的学习经验不足，可能对随机变量的概念存在理解上的困难；由于离散型随机变量的分布列描述的是随机变量的概率分布，用于研究随机事件的概率，学生也可能存在应用上的困难。因此，需要在关联的情境中，通过具体实例帮助学生抽象出一般的数学概念和性质，将随机现象抽象为数学问题，用概率的语言表征随机现象，提升数学抽象等素养。

四、教学过程

（一）情境引入

引导语 1：我们知道，在求随机事件的概率时，往往需要为随机试验建立样本空间，样本空间的确定是研究概率的基础。

引例：请写出以下随机试验的样本空间。

（1）掷一枚骰子，观察出现的点数。

（2）掷两枚骰子，观察两个点数之和。

（3）抛一枚硬币，观察出现正、反面的情况。

（4）从装有 5 个红球、3 个白球的袋中随机地摸出两球，观察球的颜色。

师生活动：让学生独立完成以上随机试验的样本空间的建立，通过师生互动平台，呈现学生的学习结果。预计学生建立的样本空间会有多种表现形式，看学生能不能将（3）（4）两个随机试验的样本空间以数量形式表示，让学生说出想法，再引入课题。

设计意图：上面 4 个问题来自学生的生活经验，前两个问题学生一般会建立数集表示，后两个问题，学生一般会用文字符号表示，通过情境引入新课。

（二）形成概念

引导语 2：从前面的问题我们可以知道，如果我们在随机考验的样本空间与实数集之间建立某种对应，不仅可能为一些随机事件的表示带来方便，还可能更好地利用数学工具研究随机试验。

问题 1：如果有些随机试验的样本点与数值没有关系，我们如何将这个试验的样本点与实数建立联系？例如，随机抽一件产品，有"抽到次品"和"抽到正品"两种可能的结果，那么如何建立样本点和实数之间的对应？

师生活动：通过追问引发学生思考，提示学生联想函数中分段函数的表示

方法，如果"抽到次品"用 1 表示，"抽到正品"用 2 表示，即定义

$$X = \begin{cases} 1, & \text{抽到次品}, \\ 2, & \text{抽到正品}, \end{cases}$$ 那么这个试验的样本点与实数就建立了对应关系。

教师进一步指出：仿照这种办法，我们可以把一些随机试验的样本点与实数建立对应关系，并总结：对于任何一个随机试验，总可以把它的每一个样本点与一个实数对应，即通过引入一个取值依赖于样本点的变量 X，来刻画样本点和实数的对应关系，实现样本点的数量化，因为在随机试验中样本点的出现具有随机性，所以变量 X 的取值也具有随机性。

最后，让学生建立引例（3）、（4）中样本空间与实数的对应关系。

设计意图： 通过具体实例，了解一个随机现象可以通过一个变量来刻画，随机试验的结果不论是否与数量直接有关，都可以数量化。

问题 2： 考察下列随机试验及其引入的变量。

试验 1：从 100 个电子元件（至少含 3 个次品）中随机抽取 3 个进行检验，变量 X 表示 3 个元件中的次品数。

试验 2：抛掷一枚硬币直到出现正面为止，变量 Y 表示需要抛掷的次数。

这两个随机试验的样本空间各是什么？各个样本点与变量的值是如何对应的？变量 X、Y 有哪些共同的特征？

师生活动： 对于试验 1，如果用 0 表示"元件为合格品"，用 1 表示"元件为次品"，用 0 和 1 构成的长度为 3 的字符串表示样本点，要求学生写出样本空间，以及各样本点与变量 X 的值的对应关系。

样本空间 $\Omega =$ （000，001，010，100，011，101，110，111）。

如果用 h 表示"正面向上"，用 t 表示"反面向上"，要求学生写出样本空间，以及各样本点与变量 Y 的值的对应关系。

样本空间 $\Omega = \{h, th, tth, ttth, \cdots\}$，这个样本空间 Ω 包含无穷多个样本点。

问（1）：观察上面两个随机试验，请你归纳试验 1 和试验 2 的样本空间中样本点与对应变量有什么共同点。

师生活动： 师生共同归纳，在上面两个随机试验中，每个样本点都有唯一的一个实数与之对应，变量 X，Y 有如下共同点：

（1）取值依赖于样本点。

（2）所有可能取值是明确的。

问（2）：根据对问题 2 的分析和归纳，你能类比函数中的对应关系，将样

本空间中的样本点与实数的对应关系用一般化的数学语言表示吗？

师生活动：类比函数的定义，先由学生归纳、表达，师生进行交流、讨论，然后教师规范地表达随机变量的概念：一般地，对于随机试验样本空间 Ω 中的每一个样本点 ω，都有唯一的实数 $X(\omega)$ 与之对应，我们称 X 为随机变量。

给出随机变量的概念后，教师进一步指出：试验 1 中随机变量 X 的可能取值为 0，1，2，3，共有 4 个值，试验 2 中随机变量 Y 的可能取值为 1，2，3，…，有无限个取值，但可以一一列出，进而给出离散型随机变量的概念：像这样，可能取值为有限个或可以一一列出的随机变量，我们称之为离散型随机变量，通常用大写英文字母表示随机变量，例如，X，Y，Z；用小写英文字母表示随机变量的取值，例如，x，y，z。

教师进一步指出：随机变量的定义与函数的定义类似，这里的样本点相当于函数定义中的自变量，而样本空间 Ω 相当于函数的定义域，不同之处在于 Ω 不一定是数集。随机变量的取值 $X(\omega)$ 随着试验结果 ω 的变化而变化，使得我们可以利用数学工具研究随机事件。

问（3）：你能举出一些离散型随机变量和不是离散型的随机变量的例子吗？

师生活动：先由学生自由发言，师生进行交流，教师进行补充和点评，如果学生因为学习经验不足，无法举出准确的例子，教师可以直接举例。例如，某射击运动员射击一次可能命中的环数为 X，它的可能取值为 0，1，2，…，10；在一个装有 8 个红球，4 个白球的袋子中，随机摸出 4 个球，这 4 个球中白球的个数为 Y，它的可能取值为 0，1，2，3，4；这些都是离散型随机变量的例子。而像种子含水量的测量误差 X_1；某品牌电视机的使用寿命 X_2；某一个零件长度的测量误差 X_3；等等，这些都是可能取值充满了某个区间、不能一一列出的随机变量，称为连续型随机变量。

设计意图：通过从特殊到一般的归纳形成随机变量和离散型随机变量的概念，用类比函数定义的方法给出随机变量的定义。通过举例的方式，加深学生对随机变量概念的内涵和外延的认识，这是数学概念学习的重要方法，通过上述过程提升学生的数学抽象素养。

（三）随机变量的分布列

问题 3：根据问题引入合适的随机变量，有利于我们简捷地表示所关心的随机事件，以及随机试验中的概率问题。你能尝试举一个具体例子吗？

师生活动：可以举以下实例。

掷一枚质地均匀的骰子，X 表示掷出的点数，则事件"掷出 m 点"可以表示为 $\{X=m\}$（$m=1$，2，3，4，5，6），事件"掷出的点数不大于 2"可以表示为 $\{X\leqslant2\}$，事件"掷出偶数点"可以表示为 $\{X=2\}$ $\cup$ $\{X=4\}$ $\cup$ $\{X=6\}$，等等。由掷出各种点数的可能性，可得 $P(X=m)=\dfrac{1}{6}$，$m=1$，2，3，4，5，6。

教师进一步指出，可以仿照随机变量的定义，将上面的问题一般化。

一般地，设离散型随机变量 X 的可能取值为 x_1，x_2，$\cdots$，x_n，我们称 X 取每一个值 x_i 的概率 $P(X=x_i)=p_i$，$i=1$，2，$\cdots$，n 为 X 的概率分布列，简称分布列。离散型随机变量的分布列也可以用表格表示，见表 10。

表 10

X	x_1	x_2	$\cdots$	x_n
P	p_1	p_2	$\cdots$	p_n

设计意图：通过实例抽象概括出随机变量的概念。

问题 4：你能根据概率的性质，研究离散型随机变量分布列的性质吗？写出你的研究结果并与同学交流。

师生活动：学生通过概率性质的学习，已具有探究离散型随机变量分布列的性质的能力。在学生交流研究结果之后，教师总结出离散型随机变量的分布列具有下述两个性质：

（1）$p_i\geqslant0$，$i=1$，2，$\cdots$，n；

（2）$p_1+p_2+\cdots+p_n=1$。

并进一步指出，利用分布列和概率的性质，可以计算由离散型随机变量表示事件的概率。

例如：

P（掷出的点数不大于 2）$=P(X\leqslant2)=P(X=1)+P(X=2)=\dfrac{1}{3}$。

P（掷出偶数）$=P(X=2)+P(X=4)+P(X=6)=\dfrac{1}{6}+\dfrac{1}{6}+\dfrac{1}{6}=\dfrac{1}{2}$。

设计意图：对于离散型随机变量的分布列的概念学生容易理解，以教师讲授的方式为主可以提高教学效率，而对于离散型随机变量分布列的性质，由学生自主探究，有利于学生加深对性质的理解，为利用分布列的性质计算概率做准备。

（四）例题分析

例1： 一批产品中次品率为 5%，随机抽取 1 件，定义 $X = \begin{cases} 1, & \text{抽到次品,} \\ 0, & \text{抽到正品。} \end{cases}$ 求 X 的分布列。

师生活动：先由学生自主完成本例题的解答，随后教师板书解答过程：根据 X 的定义，$\{X=1\}$ = "抽到次品"，$\{X=0\}$ = "抽到正品"，X 的分布列为 $P(X=0)=0.95$，$P(X=1)=0.05$。在此基础上一般化：对于只有两个可能结果的随机试验，用 A 表示"成功"，$\overline{A}$ 表示"失败"，定义 $X = \begin{cases} 1, & A \text{ 发生,} \\ 0, & \overline{A} \text{ 不发生。} \end{cases}$ 如果

$P(A)=p$，则 $P(\overline{A})=1-p$，那么 X 的分布列如表 11 所示。

表 11

X	0	1
P	$1-p$	p

我们称 X 服从两点分布或 0—1 分布。

实际上，X 为在一次试验中成功（事件 A 发生）的次数（0 或 1）。像购买的彩券是否中奖，新生婴儿的性别，投篮是否命中等，都可以用两点分布来描述。

设计意图： 通过具体实例，学习两点分布。两点分布的概念由教师在例题评析时直接引入，在今后学习二项分布、超几何分布等典型的离散型随机变量的分布列时也宜采用这样的学习方式。

例2： 某学校高二年级有 200 名学生，他们的体育综合测试成绩分 5 个等级，每个等级对应的分数和人数见表 12。

表 12

等级	不及格	及格	中等	良	优
分数	1	2	3	4	5
人数	20	50	60	40	30

从这 200 名学生中任意选取 1 人，求所选同学分数 X 的分布列，以及 $P(X \geq 4)$。

师生活动：教师先组织学生讨论事件（$X = i$）表示的意义，引导学生分析

随机试验是否符合古典概型的条件，然后要求学生自主解决。师生交流学生解题的结果。

在分析学生解题的过程中，引导学生总结解题的一般步骤：

（1）确定离散型随机变量的取值集合：X 是一个离散型随机变量，其可能取值为 1，2，3，4，5，且 $\{X=1\}$ ＝："不及格"，$\{X=2\}$ ＝："及格"，$\{X=3\}$ ＝："中等"，$\{X=4\}$ ＝："良"，$\{X=5\}$ ＝："优"。

（2）根据古典概型的知识，求随机变量取每个值时的概率，见表 13。

表 13

X	1	2	3	4	5
P	$\dfrac{1}{10}$	$\dfrac{1}{4}$	$\dfrac{3}{10}$	$\dfrac{1}{5}$	$\dfrac{3}{20}$

（3）利用分布列求概率：$P(X \geqslant 4) = P(X=4) + P(X=5) = \dfrac{1}{5} + \dfrac{3}{20} = \dfrac{7}{20}$。

设计意图：通过具体实例，学习求离散型随机变量分布列的方法，学习如何根据离散型随机变量的分布列求一些随机事件的概率。

例 3：一批笔记本电脑共有 10 台，其中 A 品牌 3 台，B 品牌 7 台。如果从中随机挑选 2 台，求这 2 台电脑中 A 品牌台数的分布列。

师生活动：由于有解决例 1、例 2 的经验，学生具备了自主解决本例题的能力，可能存在的问题是概率的计算，本例题宜采用学生自主完成、学生互评、教师点评的方式完成，师生共同出具有一般性的解题步骤：

（1）确定离散型随机变量的取值集合：设挑选的 2 台电脑中 A 品牌的台数为 X，则 X 的可能取值为 0，1，2。

（2）根据古典概型的知识，求随机变量取每个值时的概率，即 X 的分布列。

$P(X=0) = \dfrac{7}{15}$，$P(X=1) = \dfrac{7}{15}$，$P(X=2) = \dfrac{1}{15}$。

用表格表示 X 的分布列，见表 14。

表 14

X	0	1	2
P	$\dfrac{7}{15}$	$\dfrac{7}{15}$	$\dfrac{1}{15}$

最后，教师总结求离散型随机变量分布列的一般步骤：

（1）根据问题设立一个随机变量 X，并写出随机变量 X 的所有可能取值。

（2）利用古典概型，求随机变量 X 的每一个可能取值所对应的概率。

（3）用解析式或表格表示 X 的分布列。

设计意图：通过具体实例，归纳出求离散型随机变量分布列的一般步骤。

（五）总结归纳

教师引导学生回顾本节课的学习过程，并让学生回答以下几个问题：

（1）通过类比函数定义引入随机变量的概念，对你有什么启示？

（2）为什么要研究离散型随机变量的分布列？离散型随机变量的分布列有什么作用？

（3）根据本节课所举的例题，请你归纳求离散型随机变量的分布列的一般步骤。分布列的性质在求解随机事件概率的过程中起到什么作用？

设计意图：通过提问的形式，帮助学生梳理本节课学习的主要内容和主要思想方法。通过提问引发学生深度思考，对随机变量、离散型随机变量分布列的含义和作用做较深入的反思。

（六）布置作业

教材第 60 页练习第 2～4 题，习题 7.2 第 1～6 题。

《基本不等式》教学案例分析

——问题法教学初探

广东省梅州市大埔县田家炳实验中学　周财生

《高中数学课程标准（2017 年版 2020 年修订）》指出：高中数学教学应坚持以学生为主体，教师为主导。在这种理念下，数学的课堂教学应为学生提供丰富多彩的创造性的活动。可是，却有很多学生对数学不大感兴趣，觉得数学很难学、很枯燥。笔者觉得其中的一个原因是：在课堂教学中，教师没有创设适当的问题情境来激发学生的求知欲。"问题教学法"正是以问题为主线，引导学生主动探究，体验数学发现和构建的过程。因此，"问题教学法"在高中数学新课程的教学中尤显重要。下面，笔者结合《基本不等式》的内容，就新课标下高中数学问题教学法谈一些个人体会。

一、教学目标

了解基本不等式的代数、几何背景及其证明，培养学生的数形结合思想，以及对基本不等式的初步应用。

二、教学重难点

教学重点：基本不等式的代数、几何证明以及对它的初步应用。
教学难点：用基本不等式求最值的理解及条件的掌握。

三、教学方式

实验探究、合作学习。

四、教学过程

（一）情境导入

动态播放含有 2002 年国际数学大会会标的视频。

问题 1：图中有哪些相等及不等的关系？

［学生活动］列举自己发现的相等关系和不等关系（教师做点评）。

$a^2 + b^2 \geq 2ab$ ［结论］。

问题 2：何时取等号？

追问：当 a，b 取任意实数时，不等式还成立吗？不成立的话，请举出反例。

教师：我们就猜想这个不等式还成立，看能否得到证明，再来评判同学的回答。

（二）新课

一般地，对于任意实数 a，b，我们有 $a^2 + b^2 \geq 2ab$，当且仅当 $a = b$ 时，等号成立。

思考：如图 36 所示，如果当 $a > 0$，$b > 0$ 时，用 $\sqrt{a}$，$\sqrt{b}$ 去替换上面不等式中的 a，b 能得到什么结论？

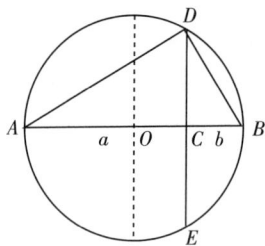

图 36

基本不等式：$\sqrt{ab} \leq \dfrac{a+b}{2}$（$a > 0$，$b > 0$）。当且仅当 $a = b$ 时，等号成立。

提问：你能证明它的成立吗？

（教师引导学生从代数和几何两方面证明不等式的成立，并得出它的代数意义和几何意义。）

代数意义：我们通常称 $\sqrt{ab}$ 为正数 a，b 的几何平均数，$\dfrac{a+b}{2}$ 为正数 a，b 的算术平均数，则算术平均数不小于几何平均数。

（引导学生数形结合做出几何证明）

几何意义：半径不小于半弦。

（三）基本不等式的初步应用

例1：（1）用篱笆围一个面积为 100 m² 的矩形菜园，该矩形的长、宽各为多少时，所用篱笆最短？最短的篱笆是多少？

（教师引导学生探讨，得出结论。）

结论：两个正数积为定值，则和有最小值。

（2）一段长为 36 m 的篱笆围成一个矩形菜园，这个矩形的长、宽各为多少时，菜园的面积最大？最大面积是多少？

［仿照（1），学生探讨，自主得出结论。］

结论：两个正数和为定值，则积有最大值。

最值定理：若 x，y 都是正数：

（1）当 $x+y=s$（定值），则当且仅当 $x=y$ 时，xy 有最大值 $\frac{1}{4}s^2$。

（2）当 $xy=p$（定值），则当且仅当 $x=y$ 时，$x+y$ 有最小值 $2\sqrt{p}$。

注意：一正二定三相等。

练习：（学生在教师引导下自主完成）

1. 已知 $x>0$，$y>0$：

（1）若 $xy=36$，则 $x+y$ 的最小值是_____，此时 $x=$_____，$y=$_____。

（2）若 $x+y=18$，则 xy 的最大值是_____，此时 $x=$_____，$y=$_____。

（3）若 $x+2y=4$，则 xy 的最大值是_____，此时 $x=$_____，$y=$_____。

2. 当 $x>0$ 时，$x+\frac{1}{x}$ 的最小值为_____，此时 $x=$_____。

思考：若 $x<0$ 呢？

（启发学生化归为可以利用基本不等式的形式。）

3. 已知 $x>-1$，$x+\frac{1}{x+1}$ 的最小值为_____，此时 $x=$_____。

（四）小结

注意基本不等式应用的条件：一正二定三相等！

本节课按照"情境导入—大胆猜想—理论证明—探究条件—归纳小结—课外拓展"的模式开展，以真实的情境为基础，从猜测到理论证明，再到探究条件、应用拓展。在理顺思维逻辑关系方面的设计是合理的。在教学的方法上采用了实验探究、合作学习，始终以问题为中心，充分调动学生的积极性，使其参与到交流学习中，学生的主体地位得到很好的体现，设计十分注重学生情感素养和科学素养的培养，加强教学与生活的联系，将自主、探究、合作等融入教学过程，也强调对学生学习方法的指导，能做到"知识序、教学序、认知序"的三序合一。学生也在互动学习中拾级而上，收获知识，感受成功。

（五）作业布置

课后相应习题自主完成，并对下一部分的内容进行预习。

五、板书设计

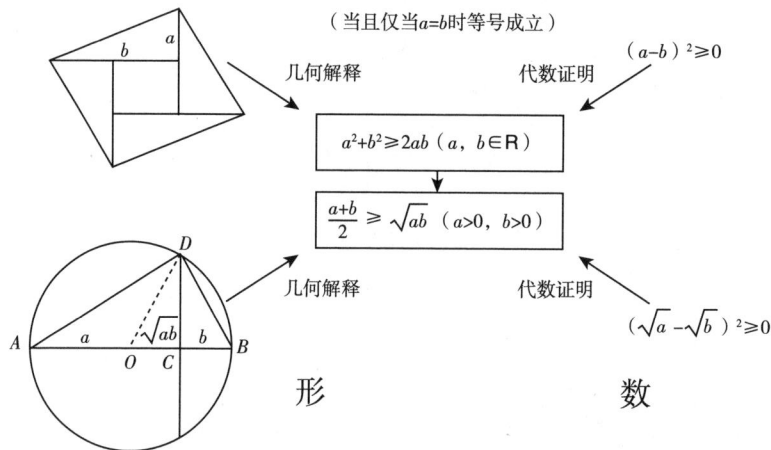

（当且仅当$a=b$时等号成立）

几何解释　　　　　代数证明　　　$(a-b)^2 \geq 0$

$$a^2+b^2 \geq 2ab \ (a, b \in \mathbf{R})$$

$$\frac{a+b}{2} \geq \sqrt{ab} \ (a>0, \ b>0)$$

几何解释　　　　　代数证明

$(\sqrt{a}-\sqrt{b})^2 \geq 0$

形　　　　　　　　数

六、教学反思

在理想的教学过程中，只有调动起学生的自主学习意识和学习兴趣，才有可能实现高效课堂。并且，课堂中教师与学生之间的互动，可以促进师生之间的高效沟通，并提高学生的学习质量。因此，为实现更好的教学，就需要教师更好地与学生沟通，并调动学生的学习兴趣与自主性，帮助学生得到能力与思维上的提升。

《椭圆及其标准方程》教学设计

广东省梅州市大埔县田家炳实验中学　吴运辉

一、教学目标

知识与技能：

（1）掌握椭圆定义和标准方程。

（2）能用椭圆的定义解决一些简单的问题。

过程与方法：

（1）通过椭圆定义的归纳和标准方程的推导，培养学生发现规律、认识规律并利用规律解决实际问题的能力。

（2）在椭圆定义的获得和其标准方程的推导过程中进一步渗透数形结合等数学思想和方法。

情感态度与价值观：

（1）通过椭圆定义的获得培养学生探索数学的兴趣。

（2）通过标准方程的推导培养学生求简意识，并能懂得欣赏数学的"简捷美"。

（3）通过师生、生生的合作学习，增强学生的团队协作能力，增强主动与他人合作交流的意识。

二、教学重难点

教学重点：椭圆定义及其标准方程。

教学难点：椭圆标准方程的推导。

三、教学过程

（一）认识椭圆，探求规律

（1）对椭圆的感性认识。通过演示课前教师和学生共同准备的有关椭圆的实物和图片，让学生从感性上认识椭圆。

（2）通过动画设计，展示椭圆的形成过程，使学生认识到椭圆是点按一定"规律"运动的轨迹。

如图 37 点 B 是线段 AC 上一动点，分别以 F_1，F_2 为圆心，$|AB|$ 与 $|BC|$ 为半径作圆，观察两圆交点 M，N 的轨迹。

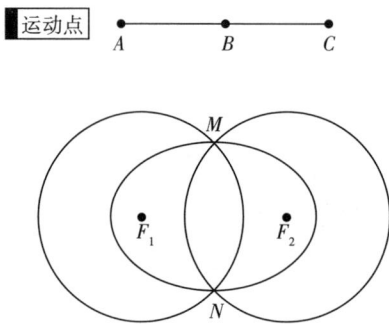

图 37

请同学们思考：

（1）在运动中，哪些量是不变的？哪些量是变化的？

（2）能不能把不变的量用数学表达式表达出来？

（3）点 M，N（椭圆上的点）是以怎样的规律进行运动的？

（4）用这个规律能不能画出一个椭圆？

（二）动手实验，亲身体会

用上面所总结的规律，指导学生互相合作（主要在于动手），体验画椭圆的过程（课前准备直尺、细绳、钉子、笔、纸板），并以此了解椭圆上的点的特征。

请两名同学上台画在黑板上。

本环节并不急于向学生交代椭圆的定义，而是设计一个实验，一是为了给学生创造一个实验的机会，让学生体会椭圆上点的运动规律；二是通过实践，为进一步上升到理论做准备。

（三）归纳定义，完善定义

我们通过动画演示，实践操作，对椭圆有了一定的认识，下面由同学们归纳椭圆的定义（学生分组讨论）。

椭圆定义：平面内与两个定点 F_1，F_2 的距离的和等于常数（大于 $|F_1F_2|=2c$）的点的轨迹叫作椭圆。

在归纳椭圆定义的过程中，教师根据学生回答的情况，不断引导他们逐步加深理解并完善椭圆的定义，在引导中突出体现"和""常数"等关键词与相应的特征。

如：总结动画演示中两圆半径之和 $|MF_1|+|MF_2|=|AB|$（常数）得到椭圆上点 M 到两定点距离之和为常数（图38）。

通过课件分别演示当两定点间距离等于线段 $|AB|$ 长度时的轨迹（为一条线段）和当两定点距离大于线段 $|AB|$ 长度时的轨迹（不存在），由学生完善椭圆定义中常数的范围（图39）。

图38   图39

教师指出：两个定点叫作圆的焦点，两焦点的距离叫作椭圆的焦距。

（四）合理建系，推导方程

由学生自主提出建立坐标系的不同方法，教师根据学生提出的"建系"方法，把学生分成若干组，分别按不同的建系方法推导方程，进行比较，从中选择比较简捷优美的形式确定为标准方程。

已知椭圆的焦距 $|F_1F_2|=2c$（$c>0$），椭圆上的动点 M 到两定点 F_1，F_2 的距离之和为 $2a$，求椭圆的方程。

（1）以两个定点 F_1，F_2 所在直线为 x 轴，线段 F_1F_2 的垂直平分线为 y 轴，建立平面直角坐标系。设 $|F_1F_2|=2c$（$c>0$），点 M（x，y）为椭圆上任意一点，则 $P=\{M\,|\,|MF_1|+|MF_2|=2a\}$（称此式为几何条件），所以得 $\sqrt{(x-c)^2+y^2}+$

$\sqrt{(x+c)^2 + y^2} = 2a$（实现集合条件代数化），化简，得 $(a^2 - c^2) x^2 + a^2 y^2 = a^2 (a^2 - c^2)$。

注：这是本节的难点所在，可通过课堂精心设问来突破：①化简含有根号的式子时，我们通常用什么方法？②对于本式是直接平方好呢，还是恰当整理后再平方？学生通过实践，发现对于这个方程，直接平方不利于化简，而整理后再平方，最后能得到圆满的结果。

（2）以线段 $F_1 F_2$ 中点为坐标原点，$F_1 F_2$ 所在直线为 y 轴建立平面直角坐标系，所得椭圆方程为：$a^2 x^2 + (a^2 - c^2) y^2 = a^2 (a^2 - c^2)$，相比之下，其他的建系方式不够简捷。

同学们观察图 40，当 B 运动到线段 AC 中点时，两圆半径相等，即 $|MF_1| = |MF_2| = a$，因 $|OF_1| = c$，则 $a^2 - c^2 = |MO|^2$，不妨令 $a^2 - c^2 = b^2$，那么（1）和（2）所得的椭圆方程可化为：

$$\frac{x^2}{a^2} + \frac{y^2}{b^2} = 1 \quad (a > b > 0) \qquad (1)$$

$$\frac{y^2}{a^2} + \frac{x^2}{b^2} = 1 \quad (a > b > 0) \qquad (2)$$

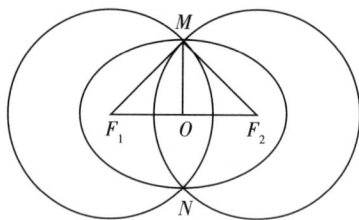

图 40

注：在这里教师指出："我们刚才只是从'曲线的方程'的角度推导出了符合定义的点的坐标满足的方程，我们还需要从"方程的曲线"的角度来说明以方程（1）（2）的解为坐标的点都在曲线（椭圆）上，这个问题留给学生课后完成。"

我们称（1）（2）为椭圆的标准方程。

对标准方程的理解：

（1）所谓椭圆标准方程，一定指的是焦点在坐标轴上，且两焦点的中点为坐标原点；

（2）在 $\dfrac{x^2}{a^2}+\dfrac{y^2}{b^2}=1$ 与 $\dfrac{y^2}{a^2}+\dfrac{x^2}{b^2}=1$ 这两个标准方程中，都有 $a>b>0$ 的要求，

也就是说，焦点在哪个轴上，哪个对应的分式的分母就较大。

（五）应用举例，小结升华

例1：用定义判断下列动点 M 的轨迹是否为椭圆。

（1）平面内，到 F_1（-2，0），F_2（2，0）的距离之和为 6 的点的轨迹。（是）

（2）平面内，到 F_1（0，-2），F_2（0，2）的距离之和为 4 的点的轨迹。（不是）

（3）平面内，到 F_1（-2，0），F_2（2，0）的距离之和为 3 的点的轨迹。（不是）

例2：方程 $\dfrac{x^2}{a}+\dfrac{y^2}{3}=1$ 表示焦点在 x 轴上的椭圆，则 a 的取值范围为（3，$+\infty$）。

例3：已知椭圆方程为 $\dfrac{x^2}{16}+\dfrac{y^2}{9}=1$，则两焦点坐标为 $(\sqrt{7}$，$0)$，$(-\sqrt{7}$，$0)$。

小结：由学生总结本节课所学习到的知识和思想方法。

知识总结：椭圆的定义，标准方程。

《基本不等式》教学设计

广东省梅州市大埔县虎山中学　　赖畅兴

一、教学内容

本节选自人教版第一册的第二章第二节的第一课时，它是在学生学习完"等式的性质与不等式的性质"的基础上对不等式的进一步研究。在探究基本不等式内涵和证明的过程中，能够培养学生观察问题、分析问题和解决问题的能力；培养学生形成数形结合思想的意识；在应用的过程中，通过对条件的转换和变式，有助于培养学生形成类比归纳的思想和习惯，进而形成严谨的思维方式。

二、教学目标

（1）通过探究"数学家大会的会标"及感受会标的变形，引导学生从几何图形中获得两个基本不等式，了解基本不等式的几何背景，培养学生观察问题、分析问题和解决问题的能力；培养学生形成数形结合思想的意识。

（2）进一步让学生探究不等式的代数证明，加深对基本不等式的理解和认识，培养学生逻辑推理的能力和严谨的思维方式。

（3）通过例题让学生学会用基本不等式求最大值和最小值。

三、学情分析

对于高一的学生，不等式并不陌生，前面学习了不等式及不等式的性质，能够进行简单的数与式的比较，本节所学内容就用到了不等式的性质，所以学生可以在巩固不等式性质的前提下学习基本不等式，接受上是容易的，争取让学生在真正意义上理解基本不等式。

四、教学策略

在教学过程中学生往往会直接应用不等式而忽略成立的条件，因此本节课的重点内容是对基本不等式的理解和运用。在运用过程中生成的规律，学生在做题时能灵活运用是难点，因此理解基本不等式和灵活应用基本不等式是本节课的难点。

五、教学过程

（一）情境引入

展示 2002 年在北京召开的第 24 届国际数学家大会会议现场视频。

通过情境引发联想，学生深切感受到我国数学科学的悠久历史和深厚的文化底蕴，我国的数学成就对世界数学文明的影响以及对世界数学发展做出的卓越贡献，激发学生喜欢数学、学好数学的热情。

探究一：观察图 41 所示的会标。会标是根据中国古代数学家赵爽的弦图设计的，该图给出了迄今为止对勾股定理最早、最简捷的证明，体现了以形证数、数形结合的思想。将代数与几何紧密地结合在了一起。

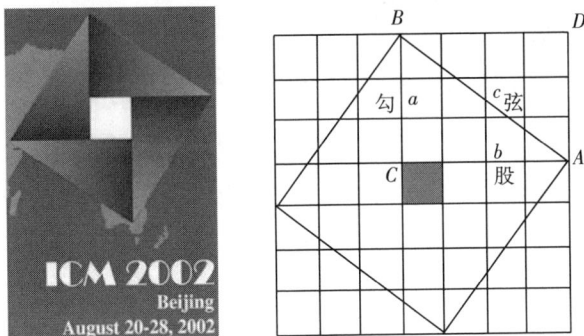

图 41

设计意图：①培养学生识图和分析数据的能力，并通过对数量关系的分析得出基本不等式的雏形，进而逐步发现基本不等式的本质和成立条件。②鼓励学生独立思考，充分发挥学生的创新和想象能力，进而发现并理解基本不等式的实质。

从图形上你能观察到什么？

根据弦图可知勾股定理，那么我们对三角形、正方形可以研究哪些数量关系呢？

面积之间又有怎样的关系呢？

你还能发现怎样的关系？

结论：$a^2 + b^2 \geq 2ab$（当且仅当 $a = b$ 时取等号）。

一般的，我们都用 a，b 表示，若将上式中的 a，b 换成 $\sqrt{a}$，$\sqrt{b}$，你又会得出什么结论？如何证明？

设计意图：用代数的方法证明基本不等式，进而使学生加深对基本不等式的理解，理解基本不等式中不等号和等号成立的条件；引导学生自己动手写出证明过程，并自我总结归纳基本不等式运用的条件，有利于学生准确、灵活应用。

$a + b \geq 2\sqrt{ab}$（$a > 0$，$b > 0$）当且仅当 $a = b$ 时取等号。

还可以写成 $\sqrt{ab} \leq \dfrac{a+b}{2}$（$a > 0$，$b > 0$），如何证明这个结论成立呢？

要证 $\dfrac{a+b}{2} \geq \sqrt{ab}$，只要证 $a + b \geq 2\sqrt{ab}$，即证 $a + b - 2\sqrt{ab} \geq 0$，也就是要证 $(\sqrt{a} - \sqrt{b})^2 \geq 0$，显然式子成立，当且仅当 $a = b$ 时取等号。

根据以上证明学生已经基本了解了基本不等式的形式和推导方法，同学们是否真正理解了基本不等式的含义。

（二）自学检测

判断下列结论是否正确。（正确的打"√"，错误的打"×"）

（1）对于任意 a，$b \in \mathbf{R}$，$a^2 + b^2 \geq 2ab$。（　　）

（2）当 $n \in \mathbf{N}$ 时，$n + \dfrac{2}{n} > 2\sqrt{2}$。（　　　）

（3）当 $x \neq 0$ 时，$x + \dfrac{1}{x} \geq 2$。（　　　）

（4）若 $a > 0$，则 $a^3 + \dfrac{1}{a^2}$ 的最小值为 $2\sqrt{a}$.（　　　）

探究二：如图 42 所示，AB 是圆的直径，点 C 是 AB 上的一点，$AC = a$，$BC = b$。过点 C 作垂直于 AB 的弦 DE，连接 AD，BD。你能利用这个图形，得出 $\sqrt{ab} \leq \dfrac{a+b}{2}$（$a > 0$，$b > 0$）的几何解释吗？

设计意图：对图形进一步分析，引导学生发现几何平均数和算术平均数，让学生体会不仅能以数证形，寻

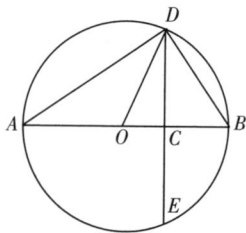

图 42

找数量关系的几何解释，还可以通过对图形的观察分析以形识数，进而完善前面的代数结论。

证明：因为 $\triangle ACD \backsim \triangle DCB$，所以 $CD = \sqrt{ab}$。

由于 CD 小于或等于圆的半径，

用不等式表示为 $\sqrt{ab} \leqslant \dfrac{a+b}{2}$（$a>0$，$b>0$）

显然不等式当且仅当点 C 与圆心重合，即当 $a=b$ 时，等号成立。

结论：（教师投影展示学生口述结果）

$\sqrt{ab}$ 是 a，b 的几何平均数，$\dfrac{a+b}{2}$ 是 a，b 的算术平均数。

几何解释为半弦不大于半径。

填表比较（见表15）：

表 15

基本不等式	$a^2 + b^2 \geqslant 2ab$	$\sqrt{ab} \leqslant \dfrac{a+b}{2}$
适用范围	a，$b \in \mathbf{R}$	$a>0$，$b>0$
文字叙述	两个实数的平方和不小于它们积的 2 倍	两个正数的算术平均数不小于它们的几何平均数
" = " 成立条件	$a = b$	$a = b$

例1：已知 $x>0$，求 $x + \dfrac{1}{x}$ 的最小值。

例2：已知 x，y 都是正数，求证：

（1）如果积 xy 等于定值 P，那么当 $x=y$ 时，和 $x+y$ 有最小值 $2\sqrt{P}$；

（2）如果和 $x+y$ 等于定值 S，那么当 $x=y$ 时，积 xy 有最大值 $\dfrac{1}{4}S^2$。

设计意图：①总结归纳利用基本不等式求最值问题，实现积与和的转化。②培养学生将对不等式的感性认识提炼上升为理性认识，注意运用公式时需要注意的条件，从而真正意义上理解不等式的含义。

（三）巩固练习

（1）已知 $x>0$，$y>0$，并且 $x+y=2$，求 xy 的最大值。

（2）已知 $a \neq 0$，则下列不等式正确的是（　　　）。

A. $a + \dfrac{1}{a} \geqslant 2$

B. $(-a) + \left(-\dfrac{1}{a}\right) \leqslant -2$

C. $a^2 + \dfrac{1}{a^2} \geqslant 2$

D. $(-a)^2 + \left(-\dfrac{1}{a}\right)^2 \leqslant -2$

（3）不等式 $x - 2y + \dfrac{1}{x-2y} \geqslant 2$ 成立的前提条件为（　　　）。

（4）课本第 46 页，练习 3、4 题。

设计意图：考查学生对所学知识点掌握的情况，是否真正理解了基本不等式并能注意运用公式时需要注意的条件，从而真正意义上理解不等式的含义。

（学生先独立思考，再组内探讨，最后小组派代表解答。）

（四）课堂总结

（1）本节课你学到了什么？

（2）你还有哪些疑问？

设计意图：通过提问让学生在头脑中形成自己的知识体系，自己总结检验本节课的听课效果，是否还有自己没听懂的问题一下就清楚了。

（五）课后作业

课本第 48 页，复习巩固的第 1、2 题。

设计意图：巩固训练本节课学习内容并且给学生一个完整的独立思考、自主学习的机会。

数学抽象素养在概念课教学中的探索与实践

——以《函数的概念》为例的教学设计

广东省梅州市大埔县田家炳实验中学　曹石安

新高考是在核心素养导向的前提下进行的，与过去的知识点考查有极大的不同。因此，我们教师在新课教学中要时刻渗透数学核心素养。数学抽象位列六大核心素养之首，它是数学的基本思想，是形成理性思维的基础，贯穿在数学产生、发展、应用的过程中；而函数又是高中数学最重要的模块。下面，以"函数的概念"教学设计为例，谈谈在概念课的教学中如何落实数学抽象素养。

一、教学内容

本节课是新教材人教 A 版高中数学必修第一册第三章第一节的部分内容，课本内容第 60 ~ 64 页。

二、教材分析

学生在初中学习了函数概念之"变量说"，现在要在集合的基础上建立新的函数概念。高中函数概念的核心是"对应关系"：两个非空数集 A，B 间有一种确定的对应关系 f，即对于数集 A 中每一个 x，数集 B 中都有唯一确定的 y 和它对应。集合 A，B 及对应关系 f 是一个整体，这种"整体观"很重要。

三、教学目标

知识与技能：学生从具体实例出发，抽象对应关系、定义域与值域等三个要素，抽象出函数的概念。

过程与方法：学生能在确定变量变化范围的基础上，理解函数对应关系的本质，体会引入符号 f 表示对应关系的必要性。

情感态度与价值观：学生通过函数的概念学习，体验从具体实例中抽象出数学概念这一过程，发展数学抽象素养。

四、教学重难点

教学重点：用集合语言与对应关系建立函数概念，并渗透数学抽象素养。

教学难点：认识函数要素并建立函数概念，涉及函数值的计算、图像的运用及分析所得信息。

五、教学过程

（一）问题引入

引导语：我们周围的世界发生着日新月异的变化。如我国载人航天工程的飞行器——天宫二号，离发射点的距离随时间的变化而变化；当前，国际形势错综复杂，导弹是国之利器，导弹离地面的高度随时间的变化而变化……这些变量间的对应关系，都可用函数模型来描述。下面我们通过几个具体实例来归纳抽象出函数的概念。

设计意图：引入新课的三个问题：天宫二号、国防利器导弹、高铁。这些素材，是学生比较感兴趣的话题，既让学生充分感受到我国近些年航天、科技、国防各领域全方面发展，又能从这三类变量关系中找到共性。同时，激发学生学习的兴趣，直接引入新课。

（二）函数概念的抽象

问题 1：请同学们根据如下情境回答问题：某高速列车加速到 350 km/h 后保持匀速运行半小时。

（1）如果有人说："根据对应关系 $s = 350t$，这趟列车加速到 350 km/h 后，运行 1 h 就前进了 350 km."你认为这个说法正确吗？

（2）追问：这趟列车行驶 280 km 需多长时间？

（3）你认为如何表述 s 与 t 的对应关系才能更精确？

设计意图：问题（1）（2）的作用是引发学生的认知冲突，从而发现"变量说"的不严谨，我们需要重新定义函数。

问题 2：

（1）你认为该怎样确定一个工人的每周所得？

（2）一个工人的工资是他工作天数 d 的函数吗？

（3）追问：问题（1）和（2）中函数的对应关系相同，你认为它们是同一个函数吗？为什么？

设计意图：对于这两个类似的问题情境，学生知道，虽然它们的关系式一样，但它们的确不是同一个函数。关键是自变量所在的集合不同，引导学生开始关注抽象出定义域。

问题3：我们大埔县是长寿之乡，空气质量优等。图中是某市某日的空气质量如何呢？（教师出示标有某市某日的空气质量指数的图）。

（1）如何根据该图确定这一天内任一时刻 t 的空气质量指数（AQI）的值 I？

（2）你认为这里的 I 是 t 的函数吗？如果是，你能仿照前面的方法描述 I 与 t 的对应关系吗？

设计意图：首先向学生提到大埔县是长寿之乡，空气质量优等，对学生进行热爱家乡的教育。学生发现根据图像来确定值域很困难，这时，教师适当点拨，在值域不能精确地确定时，可以通过引入一个较大范围的集合 B，使函数值"落入其中"，我们把这个集合称为值域所在的集合，即值域可以是数集 B 的子集。这是本节课学生理解的难点。

师生活动：先让学生思考，自主解决问题，对学生有争议的地方，教师适当引导。分组练习用集合与对应的语言描述函数，并让学生各抒己见，教师给予归纳，循循善诱，从而引导学生用自己的语言来刻画这个函数。

设计意图：问题3与师生活动的作用，是通过图像、表格让学生感受函数形式的多样性，让学生从这两个问题中抽象出共性，当函数的值域难以确定时，可以用一个较大的数集 B 包含值域。

由以上问题你能抽象概括出函数的本质特征吗？

师生活动：给学生充分思考的时间，教师引导学生得出：

（1）都包含两个非空数集，用 A，B 来表示；

（2）都有一个对应关系；

（3）对于数集 A 中的任意一个数 x，按照对应关系，在数集 B 中都有唯一确定的数 y 和它对应。

（4）对应关系具有方向性，不可逆。

设计意图：因为函数定义抽象、符号抽象、类型多且复杂的特点，师生之间通过多次互动，不断地质疑、解疑，巧妙地分解难度，让学生初步形成"数学抽象"这一核心素养。

（三）函数概念的初步应用

如果让你用函数的定义重新认识一次函数、二次函数与反比例函数，那么你会怎样表述这些函数？

师生活动：学生讨论后，教师在黑板上板书二次函数的定义域、值域、对应关系三要素，随后学生用一次函数进行练习。然后，重新回顾函数的新定义，引导学生发现函数的四个特性。即集合的非空性、任意性、唯一性、方向性。

设计意图：通过对已学函数的重新定义，进一步体会定义域、对应关系与值域是函数的三个要素，进而归纳函数的四个特性，为下一环节例题教学做铺垫。

（四）例题教学、强化训练

1. （多选题）下列两个集合间的对应中，是 A 到 B 的函数的有（　　　）

A. $A = \{-1, 0, 1\}$，$B = \{-1, 0, 1\}$，f：A 中的数的平方

B. $A = \{0, 1\}$，$B = \{-1, 0, 1\}$，f：A 中的数的开方

C. $A = \mathbf{Z}$，$B = \mathbf{Q}$，f：A 中的数的倒数

D. $A = \{1, 2, 3, 4\}$，$B = \{2, 4, 6, 8\}$，f：A 中的数的 2 倍

师生共同分析：选项 B 中，对于集合 A 中元素 1，在集合 B 中有两个元素与之对应，违反了唯一性，因此不是函数关系；选项 C 中，A 中元素 0 的倒数没有意义，不满足任意性，因此不是函数关系。

2. 下列对应是从 A 到 B 的函数的是＿＿＿＿＿＿＿。

（1）$A = \mathbf{R}$，$B = \mathbf{R}$，对应法则 f：$y = \dfrac{1}{x^2}$

（2）$A = \{1, 2, 3\}$，$B = \mathbf{R}$，$f(1) = f(2) = 3$，$f(3) = 4$

（3）$A = \{1, 2, 3\}$，$B = \{4, 5, 6\}$，对应法则如下图所示。

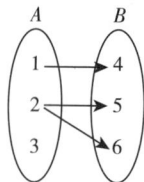

学生不难发现，在第（1）题中，对于集合 A 中的元素 0 无法满足对应法则，该对应不是从 A 到 B 的函数。在第（3）题中，集合 A 中的元素 3 在集合 B 中没有对应的元素，且集合 A 的元素 2 在集合 B 中有两个元素与之对应，故该

对应不是从 A 到 B 的函数。

设计意图： 让学生加深对函数概念的巩固，对函数四个特性的理解。题 2 让学生感受对应关系 f 的表示形式不止图像、表格、解析式这三种形式，还有映射等。

（五）课堂小结

（1）我们经历了抽象出函数概念的教学过程，想一想有何收获。

（2）本节课我们是怎样得到函数概念的？其三要素是什么？函数有哪些特性？

（3）通过本节课的学习，归纳如何学习新的概念。

设计意图： 回顾学习历程，通过从具体情境中逐步抽象出函数的概念，感受概念的形成过程，进一步落实数学抽象素养。

（六）布置作业

（1）完成教材第 63 页练习题第 1，3 题。

（2）阅读教材第 75 页《函数概念的发展历程》。

六、板书设计

因大量的教学内容都在幻灯片中有展示，所以本节课板书设计简练。

函数的概念

自变量的集合	对应关系	函数值的集合
问题 1：A_1	$s = 350t$	B_1
问题 2：A_2	$w = 350d$	B_2
问题 3：A_3		B_3

函数的三要素：定义域、对应关系、值域

函数四个特性：非空性、任意性、唯一性、方向性

七、教学反思

这是一节概念课，而函数的概念本身比较抽象难懂。在教学过程中，教师不断渗透数学抽象这一核心素养。如多次强调函数的背景、思想和应用；强调函数为实数集合之间的对应关系；强调用集合语言、函数语言来表达世界。让学生深刻体会数学来源于生活。学生通过几个具体问题实例的学习分析，归纳共性，抽象出函数的"集合对应说"。然后，学以致用，采用模仿性学习的方式，对初中学过的四种函数（正比例函数、反比例函数、一次函数、二次函

数）重新描述，这个过程是一种学习创新。从完成效果来看，大部分同学都掌握了这种新的描述方式。

当然，本节课也有些不足之处。如果可以再教一次的话，可以从以下几方面做改进：一是课件的制作不够精美，没有声音，我们应该尽量优化美化教学PPT，适当增加声音效果，让整个课堂声情并茂。二是学生课堂的参与度不均衡，大部分同学学习热情高涨，但也有少数学生不主动参与课堂互动。或受基础影响，或是性格使然，或是源自函数本身的抽象。我们应该在课前事先摸底了解情况，在设计探究问题时多照顾这类学生；或采用任务驱动式教学，让每位学生都有任务要完成。

《陈情表》教学设计

广东省梅州市大埔县田家炳实验中学　何凤梅

一、教学背景

《陈情表》是一篇传诵千古的名作。笔者设计多种教学方式相结合，通过反复诵读，让学生在诵读中体会作者融于字里行间的感受、愿望；通过厘清文章的思路来进行体会，整体把握文章的思想感情；对于难以理解的段落，通过展开讨论，充分发挥学生的自主、合作意识，让学生在讨论中获取新知。

二、教学目标

知识与技能：

（1）掌握本文的文体特征，了解本文作者及与其相关的背景情况。

（2）梳理本文的文言知识点、成语，以及了解古代官职情况，掌握本文的重点实词和一些虚词。

过程与方法：

（1）反复诵读，在诵读中体会本文骈散结合、形象生动的语言特征。

（2）赏析本文脉络分明，陈情于事、寓理于情的构思艺术和骈散结合、形象生动的语言艺术。

情感态度与价值观：

（1）体会文章深挚朴实的感情色彩。

（2）理解"忠""孝"的含义。

三、教学重难点

教学重点：在反复诵读中体会字里行间蕴含的真挚情感。

教学难点：引导学生在反复诵读中体悟以情动人的陈情艺术，进而分析作者怎样通过陈情达到"愿乞终养"的目的。

四、课时安排

三课时。

五、教学过程

第一课时

教学内容：熟悉课文，掌握古汉语知识，厘清课文思路。

（一）导入新课，解题

（1）导入新课

从古至今，"孝"一直是整个民族精神的支柱。孝，不仅让人可以老有所终、老有所养，更是对每个人自身责任感、家庭责任感乃至社会责任感的一种要求和约束。今天，让我们走进李密的《陈情表》，去体会一个孝子面对恩重如山的祖母和皇帝诏命时无奈的述说。

（2）作者简介。

（3）介绍背景。

（4）解读标题。

"表"是一种奏章，是古代臣子向皇帝陈述己见的一种奏章（如《出师表》）。我国古代臣子写给君王的呈文有各种不同的名称，战国时期称"书"，到了汉代，则分为章、奏、表、议四类。"章以谢恩，奏以按劾，表以陈情，议以执异。"

"陈"是陈述的意思。

"情"：情况（事实）、衷情（孝情、苦情、忠情）、情理（忠孝之道）。

（二）初读课文，整体感知

（1）听课文录音，小声跟读，并给不认识的字注上拼音。

（2）自主阅读课文，然后全班同学齐读课文。

（3）检查预习情况。

①注意下列加点字的读音

终鲜（xiǎn）兄弟　　期功强（qiǎng）近　　常在床蓐（rù）

猥（wěi）以微贱　　岂敢盘桓（huán）　　庶刘侥（jiǎo）幸

②加点的实词：

夙遭闵凶　门衰祚薄　逮奉圣朝　察臣孝廉　举臣秀才　拜臣郎中　寻蒙国恩　除臣洗马　犹蒙矜育　不矜名节　愿乞终养　听臣微志　庶刘侥幸

③加点虚词的词义和用法：

以：臣以险衅、臣以供养无主、猥以微贱、臣具以表闻、圣朝以孝治天下。

（4）小结本课古汉语知识、文化知识。

①词类活用：

夙遭闵凶：名词，忧患，不幸的事。

察臣孝廉：动词，作孝廉，为孝廉。

是以区区不能废远：动词，远离。

猥以微贱：名词，社会地位低下之人。

谨拜表以闻：使动用法，使皇上闻。

则刘病日笃：状语，一天天地。

②古今异义：

臣欲奉诏奔驰

奔驰：

古义：急速就道；今义：（车、马等）很快地跑。

则告诉不许

告诉：

古义：申诉；今义：①说给人听，使人知道；②受害人向法院告发。

臣少多疾病，九岁不行

不行：

古义：不能走路，这里指柔弱；今义：不可以。

臣之辛苦

辛苦：

古义：辛酸苦楚；今义：身心劳苦。

州司临门，急于星火

星火：

古义：流星的光，比喻急迫；今义：微小的光。

零丁孤苦，至于成立

至于：

古义：到；今义：表示另提一事。

零丁孤苦，至于成立

成立：

古义：长大成人；今义：（组织、机构等）筹备成功，开始存在。

③通假字：

闵：通"悯"，可忧患的事。

零丁：通"伶仃"，孤独的样子。

蓐：同"褥"，草褥子。

④一词多义。（多媒体显示）

⑤判断句：

a. 非臣陨首所能上报

b. 今臣亡国贱俘

c. 臣之辛苦，非独蜀之人士及二州牧伯所见明知。

⑥被动句

而刘夙婴疾病。

⑦成语

孤苦伶仃，茕茕子立，形影相吊，日薄西山，气息奄奄，朝不虑夕，皇天后土。

⑧文化常识之官职变化类术语。

授予官职：拜、除

授调动官职：转、徙

官吏初到任：下车

官员请辞：致仕、告退、归故里、乞骸

京官外调：出

推举官员：举、荐

征召官员：征、召、辟

表提升的：擢、拔、升、迁

表降职的：贬、左迁、迁谪、谪、逐

表罢免的：夺、黜、罢、免、去、废

⑨内容梳理：

讨论：为什么要"陈"？"陈"什么？如何"陈"？

"陈"的原因：除臣洗马，辞不就职（或：不想到晋朝为官）。

"陈"的内容：夙遭闵凶；更相为命；不能废远；愿乞终养（或：陈述幼

时的孤苦及祖孙的相依为命、自己的一片孝心）。

"陈"的方法：融理于情，融情于事，朴素细腻，曲折委婉（或以情动人）。李密先自诉家庭的悲惨境况，让晋武帝一开始就进入凄凄惨惨戚戚的凄苦悲凉的氛围之中。

（三）分析课文

（1）齐读第一段。

（2）对照注释，疏通文义。

（3）找两名学生口译本段文字。

（4）课文内容分析。

①文章一开始，作者说："臣以险衅，夙遭闵凶。"该句在全段中起到什么作用？（学生回答）

②它包括了哪几个方面？（学生讨论，不必拘泥于固定答案。）

父死母嫁（生孩六月，慈父见背，行年四岁，舅夺母志。）

祖母抚养（祖母刘愍臣孤弱，躬亲抚养。）

少年多病（臣少多疾病，九岁不行，零丁孤苦，至于成立。）

无亲无戚（既无叔伯，终鲜兄弟，门衰祚薄，晚有儿息。外无期功强近之亲，内无应门五尺之僮，茕茕孑立，形影相吊。）

祖母病卧（而刘夙婴疾病，常在床蓐，臣侍汤药，未曾废离。）

（5）第一段写了什么？哪句话奠定了文章的基调？

叙述李密的悲惨身世。臣以险衅，夙遭闵凶。

（6）学生试背第一段。

第二课时

教学内容：继续积累古汉语基础知识；赏析李密婉曲的言辞技巧。

（一）分析课文

（1）学生齐读第二段。

（2）根据书本下面的注释，指名一至二位学生疏通文义。

（3）合作探究：

①本段哪些写到朝廷对自己优礼有加？

明确：

a. 前太守臣逵察臣孝廉。

b. 后刺史臣荣举臣秀才。

c. 诏书特下，拜臣郎中。

d. 寻蒙国恩，除臣洗马。

②从本段中我们看到的是李密的态度坚决呢，还是他的哀婉陈情？（词意凄恻婉转，恭谨虔诚，外表像是俯首乞怜，令人同情。实质是态度坚决，还是不去应征。）

③情以动人，理以喻人。

自古说"忠孝不能两全"，李密用以陈情的第二手就是"喻之以孝道之大义"。

为什么李密从"孝"的角度来说理呢？

因为晋武帝治国标榜的是"以孝治天下"。（教师加以引导，学生完整回答。）

（4）第二段写了什么？明确：写皇恩深厚，自己进退两难。

（二）研习第三段

（1）大声朗诵第三段。

（2）借助书本的注释，翻译本段课文。

（3）李密最担心晋武帝怀疑他哪一点？他是怎么为自己辩解的？

矜守名节。古代崇尚一种观念"一臣不事二主"，魏晋文人名士最重气节。晋武帝同样怕李密也是矜守名节。本图宦达→至微至陋→过蒙拔擢→岂敢盘桓。

（4）本段结尾落在辞官养亲上（"是以区区不能废远"），可以分几层？

提示：三层，分别以"伏惟""且""但"来转换文意，分别是从哪几个方面来分析的？

第一层："伏惟圣朝以孝治天下……特为尤甚。"

——抓住晋"以孝治天下"的大理，解释自己应得到同情。

第二层："且臣少仕伪朝……有所希冀。"

——自陈宦历，称颂君恩，表明辞职与"名节"无关，以求皇帝谅解。

第三层："但以刘日薄西山……是以区区不能废远。"

——正面陈述刘之现状，是"不能废远"的唯一原因。

（5）第三层有关祖母疾病的描写有什么动人之处？用了什么手法？这一层在结构上有什么作用？

手法：①比喻，"刘日薄西山"用太阳快要落山的自然景象形容老年人快要病死，刻画了祖母苍老多病的形象；②夸张，"朝不虑夕"虽是夸张，却给人无可置疑的祖母刘氏病重垂危的真实；③四字骈句，浮现了刘氏在床上苟延残喘的样子，如泣如诉，读之无不令人动容泣下。

（6）假设你是晋武帝，李密在此提出终养祖母的请求，你能不能用一两句话就把他驳得哑口无言？

——晋武帝可能会说，既然你要终养祖母以尽孝心，为什么在蜀汉你又出来做官呢？"尔既须终养祖母，为何出仕伪朝？"

因此，李密深知这正是矛盾症结所在，这段历史是不能回避的，只能剖明自己心迹：

①曾仕伪朝"本图宦达，不矜名节"。

②在圣朝"宠命优渥，岂敢盘桓"让晋武帝明白自己的忠心。

③祖母人命危浅，朝不虑夕。

第三段大意：从朝廷、个人、祖母处境三个角度陈述不能废远的事理与忠心。

（三）研习第四段

（1）教师范读第四段。

（2）找二三名同学翻译本段文字。

（3）研习课文。

①贯穿全段的是哪两个词？

忠孝两全无比恳切"尽节""报养"。

②晋武帝为什么会答应李密终养祖母的请求？

a. 为李密的言辞和情理所动。

b. 彰显孝治天下的恩德。

③由本段可见全文感情真挚，悲恻动人的原因是什么？

事之实：是臣尽节于陛下之日长，报养刘之日短也。

言之切：愿乞、愿矜愍、听臣微志、明知、共鉴。

心之诚：生当陨首，死当结草。

④李密最后提出解决孝与忠矛盾的办法是什么？他是怎样提出这个办法的？

臣无祖
母无以 } 孝情：病笃情——尽孝短——先尽孝
至今日

过蒙拔擢
宠命优渥 } 忠情：孝治理——尽忠长——后尽忠

揭示矛盾——分析矛盾——解决矛盾（愿乞终养）

⑤第四段大意：明确提出自己的目的，即"愿乞终老"，先尽孝后尽忠。

第三课时

教学内容：分析本文的艺术特色；整理本课的语言知识。

（一）整理本文知识

（1）师生讨论总结四段文字的主要内容。

（2）总结全文：

全篇抓住一个"孝"字做文章。作者正是抓住晋武帝"以孝治天下"作为全文立论的中心和主要依据，写下了这篇课文。文章每一段都围绕一个"孝"字来写，时而暗写，时而明写。"孝"字贯穿全篇，它好像纵横交错的网线，将全文"织"得细致精密，又十分自然。

（3）分析艺术特色：

①感情真挚，融情于事；〔从本文的实际效果入手，找出文中李密表达的几种情感（孝顺之情，不满之情，恭敬之情），体会抒情和叙事的结合〕

②文脉畅达，照应联通；（本文前后照应的句子很多，教师可举出若干例，让学生回答）

③骈散结合，音韵和谐；（简介骈体文特点）

借着排比、对偶句式整齐而和谐的节奏，反复强调语意，情感也得以加强，通过内容上的相互对立和相辅相成，来表达情绪上的起伏变化。

④陈辞婉曲，屈伸适宜。（与学生探讨陈情的技巧）

（二）拓展延伸

（1）对"孝"的再认识，让学生讨论对"孝"的看法。

（2）把自己平时对家人的态度拿来和李密做比较，比如"当妈妈生病时，你又刚好遇到升学考试，那么你会怎么处理？"引发学生的讨论。

（三）布置作业

（1）背诵全文。

（2）写一篇500字左右的读后感。

化学学科核心素养在课堂教学中的探索与实践

——以《氯及其化合物》为例的教学设计

广东省梅州市大埔县田家炳实验中学　李俊妮

《普通高中化学课程标准（2017 年版 2020 年修订）》四课程内容的主题 2 中 2.5 非金属及其化合物中要求：结合真实情境中的应用实例或通过实验探究，了解氯、氮、硫及其重要化合物的主要性质，认识这些物质在生产中的应用和对生态环境的影响。由此标准可以看出，本课学习主题属于"常见的无机化合物及其应用"这一部分。

一、教材分析

《氯及其化合物》是高中化学必修第一册第二章《海水中的重要元素——钠和氯》第二节的内容，是高中化学必修课程的核心内容之一，是高中一年级学生学习的重点内容。氯是典型的非金属元素，氯及其化合物在生产生活中应用广泛。学生通过学习第一章《物质及其变化》，掌握了"物质的分类及转化""离子反应""氧化还原反应"，建立了从不同角度研究无机物性质的方法。相对于第二章第一节《钠及其化合物》，氯及其化合物的化学性质更为复杂，对氧化还原反应知识的应用要求更高，为第三章第二节《铁及其化合物》的学习打下基础。

二、学情分析

通过第一章《物质及其变化》的学习，学生熟悉了物质的分类，但是对于陌生元素性质的学习，有一定的难度；学生初步学习了离子反应，对离子反应的应用还不够熟悉；学生初步接触氧化还原反应，对元素的化合价变化的分析和电子转移的掌握不够准确，常见的氧化剂、还原剂的知识积累较少。同时学生对于氯及其化合物的性质在初中时学习得较少。针对这样的学情，教师对学生的困难要给予适当的指导，需注重学生研究物质的思路的培养。

三、教学目标

通过探究氯气的主要化学性质，初步形成基于物质类别、元素价态和原子结构对物质的性质进行预测和检验的认知模型。

通过含氯物质及其转化关系的认识过程，建立物质性质与用途的联系。

能够对与化学有关的社会和生活问题进行合理的判断。

四、教学重难点

教学重点：通过实验探究及实验现象，归纳氯及其化合物的主要化学性质。

教学难点：基于微粒及微粒转化认识氯水的性质。

五、教法与学法

在本节课上，利用图片、教师演示、视频等手段进行直观演示，激发学生的学习兴趣，活跃课堂气氛，促进学生对知识的渴求。要引导学生通过观察分析现象、交流讨论、类比归纳、动手实验获取知识，以学生为主体，使学生的独立探索性得到充分的发挥，培养学生的动手能力、思维能力，从而培养学生证据推理与模型认知、科学探究与创新意识的学科素养。针对学生学习过程中遇到的问题，组织学生进行集体和分组讨论，促使学生在学习中解决问题，培养学生的科学精神与社会责任。

六、教学准备

教具准备：多媒体设备、相关图片、相关实验仪器、药品。

七、设计思路

知识主线：氯气的发现—氯气的物理性质—氯气的化学性质—氯气在工业生产和社会上的应用。

方法主线：观察物质的外观—预测物质的性质—实验与观察—解释及结论。

八、教学过程

环节 1：新课引入

活动内容见表 16。

表 16

	学生活动	教师活动
学习任务 1	列举氯在自然界的存在形式以及生活中常见的含氯物质的应用。	让学生举例列出生产生活中的含氯物质，并画出元素价态、物质类别的价类二维图。
学习任务 2	思考与讨论：从氯气的发现到氯被确认为一种新的元素长达三十多年，你从中得出什么启示？	让学生感受舍勒的成就和遗憾，体会质疑是科学研究的重点品质，培养学生的科学探究精神。

设计意图：学生通过回顾氯元素的化合价、熟悉常见的含氯元素的物质，初步形成基于物质类别、元素价态的价类二维图，建立元素化合物学习的认知模型。

环节 2：氯气的物理性质

活动内容见表 17。

表 17

	学生活动	教师活动
学习任务 1	观察氯气，描述氯气的物理性质，学习闻气体的正确方法。	引导学生观察氯气、正确地闻气体。
评价任务 1	新闻：氯气泄漏，周围的人应往高处走还是往低处走？	归纳总结出一些氯气的物理性质。

设计意图：联系生活实际，学以致用。

环节 3：氯气的化学性质

氯气与金属、非金属单质的反应见表 18。

表 18

	学生活动	教师活动
学习任务 1	画出氯的原子结构示意图，从原子结构分析氯的化学性质。	让学生从氯的原子结构预测氯气的性质。
学习任务 2	观察并描述实验现象，讨论生成物中金属元素的化合价，书写反应的化学方程式。	演示实验——钠（教师演示）、铁、铜（多媒体）在氯气中燃烧。
学习任务 3	观察并描述实验现象，书写反应的化学方程式。	多媒体演示实验——氢气在氯气中燃烧。

设计意图：从原子结构来分析元素的氧化性和还原性，培养学生的分析能力，发展学生分析实验现象、推论氯气性质的能力，提高学生的实验综合素养，培养学生的宏观辨识与微观探析、证据推理与模型认知的学科核心素养。

环节 4：氯气与水反应

实验活动过程见表 19。

表 19

	学生活动	教师活动
学习任务 1	讨论氯气溶于水发生的变化，分析氯水的成分。	引导学生从氧化还原反应的角度分析氯气和水的反应。
学习任务 2	学生探究实验——氯气与下列物质的反应：<table><tr><td>干燥有色布条</td><td>湿润有色布条</td><td>有色鲜花</td></tr><tr><td></td><td></td><td></td></tr></table>	学生完成探究实验。发展学生分析实验现象的能力，培养学生的对比思维。
评价任务 1	用化学方程式和简要的文字说明氯气可用于自来水杀菌消毒的理由，并分析新制氯水和久置氯水的区别。	引导学生认识化学知识跟我们生活有密切联系，使学生感受到化学学习的潜在价值，激发学生的学习热情。

设计意图：通过实验探究，培养学生的对比思维。

环节 5：氯气在工业生产和社会上应用

（略）

课堂练习：

1. 填写下列氯气的物理性质。

氯气：颜色_____ 形态_____ 气味_____ _____毒 _____溶于水

2. 下列描述中正确的是（ ）。

A. 液氯和氯水是同一种物质

B. 氯气是黄绿色气体

C. 氯气与水反应，氯是氧化剂，水是还原剂

D. 氯原子的最外电子层上只有 1 个电子

3. 下列反应的化学方程式书写正确的是（ ）。

A. 氯气和水反应：$2Cl_2 + H_2O \xrightarrow{\quad} HCl + HClO$

B. 氯气和铁反应：$Fe + Cl_2 \xrightarrow{\triangle} FeCl_2$

C. 氯气和钠反应：$2Na + Cl_2 \xrightarrow{\triangle} 2NaCl$

D. 氯气和铜反应：$2Cu + 3Cl_2 \xrightarrow{\triangle} 2CuCl_3$

4. 湿润的有色纸条放入盛有干燥氯气的集气瓶中会褪色是因为物质（ ）。

A. HCl   B. HClO   C. Cl_2 D. H_2O

设计意图： 对学生课堂学习情况及时反馈，有助于学生巩固学习效果，实现教、学、评一体化。

布置作业： 略。

九、板书设计

第二章 海水中的重要元素——钠和氯
第二节 氯及其化合物（第一课时）

一、氯气的性质

（一）物理性质

黄绿色、有刺激性气味的有毒气体。

（二）化学性质

1. 与金属单质反应

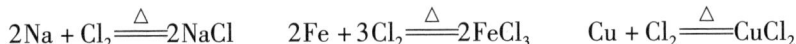

$2Na + Cl_2 \xrightarrow{\triangle} 2NaCl$ $2Fe + 3Cl_2 \xrightarrow{\triangle} 2FeCl_3$ $Cu + Cl_2 \xrightarrow{\triangle} CuCl_2$

2. 与非金属反应

$H_2 + Cl_2 \xrightarrow{\triangle} 2HCl$

3. 与水反应

$$Cl_2 + H_2O \rightleftharpoons HCl + HClO \qquad 2HClO \xrightarrow{\text{光照}} 2HCl + O_2\uparrow$$

（三）应用

十、教学反思

本节课笔者设计探究实验贯穿其中。在实验的探究过程中，学生能逐渐养成勤于实践、善于合作、敢于质疑、勇于创新的精神。通过对科学事实的了解，学生能认识到科学研究精神、积极态度的重要性。参与有关化学问题的社会实践活动，能培养学生的安全意识，探索未知、崇尚真理的意识，及严谨求实的科学态度，从而达到育人的目的。

成功之处：课堂主线清晰，笔者认真深入地分析了课标和教材，也充分考虑到学生现有的知识基础和认知水平，学生已经掌握了基本的氧化还原反应、氧化剂和还原剂等相关知识，对氯气的性质及其反应也有一定的认识，以上知识基础对本节课的学习起到了铺垫和支持作用。高一学生思维比较敏捷，有一定的形象思维能力和独立思考能力，但抽象思维能力不是太完善。因此，在教学中笔者多用引导的方法，通过问题探究，培养学生严谨创新的精神；通过实验视频和演示实验，培养学生观察实验现象、分析反应实质、得出结论的能力；通过让学生总结出氯气和活泼及不活泼的金属单质都能反应，而且和变价金属单质反应生成高价态的化合物，培养学生宏观辨识与微观探析的学科核心素养；另外，通过学生动手进行实验探究，充分发挥学生的主观能动性，培养学生的证据推理与模型认知、科学探究和创新意识的学科核心素养。

笔者注重培养学生的科学探究能力，注重学生的主体地位，注重学科核心素养的渗透。实验是化学学科的重要特征之一，化学实验有助于开发学生的动手动脑能力，激发学生学习化学的兴趣，帮助学生理解和掌握化学知识和技能，培养学生的科学态度和价值观。笔者希望在今后的学习中逐步引导学生对化学有关的社会热点问题作出正确的价值判断。

不足之处：没有深入去论证氯水的各成分，学生对氯水中含有的微粒辨析不够精确，在第二课时讲氯气与碱反应前还需要再细化。

学高为师，身正为范，笔者会在未来的日子里，从各个方面向优秀教师学习，努力做到更好，同时，与学生共同学习、共同进步。

"平面向量数量积的物理背景及其含义" 教学设计

广东省梅州市大埔县田家炳实验中学   刘芳

一、设计背景

本课内容是向量的数量积的定义及其运算律，它是平面向量的核心内容，恰好是解决平面向量的夹角、模、距离、平行、垂直等问题的一个重要工具。主要让学生了解从特殊到一般，再由一般到特殊的认识规律，并体会概念法则的学习过程。

二、设计思路

遵循新课标以人为本的理念，以启发式教学思想和建构理论为指导，采取探究式教学，以多媒体手段为平台，利用问题让学生自主地参与探究，其间，注重学生学习过程中的体会和数学能力的发展，引导学生积极地将知识融入自己的知识体系。教学中还要注重过程、方法；注重引导学生思考问题、研究问题并解决问题，重视师生、生生互动、交流的过程中渗透情感态度与价值观。

三、学法分析

在学生熟知实数的运算体系、掌握了向量的概念及其线性运算的基础上，运用类比方法得到数量积的含义与运算律，教学中教师要注重引导学生分析判断，深入浅出，符合学生的认知规律，也有利于明确本节课的教学任务，激发学生的学习兴趣与求知欲望。

四、教学目标

（1）了解平面向量数量积的物理背景，理解数量积的含义及物理意义。

（2）体会平面向量的数量积与向量投影的关系，理解掌握数量积的性质和运算律，并能运用性质和运算律进行相关的判断和运算。

（3）体会类比的数学思想与方法，进一步培养学生抽象概念、推理论证的能力。

五、教学重难点

教学重点：平面向量数量积的概念与性质；用平面向量数量积表示向量的模及向量的夹角；平面向量数量积的运算律的探究与运用。

教学难点：平面向量数量积的定义及对运算律的探究、理解；平面向量数量积的灵活应用。

六、教学过程

情境一：创设问题情境，引出新课

1. 提出问题 1

请同学们认真回顾一下，我们已经研究了向量的哪些运算？这些运算的结果是什么？

答：向量的线性运算：加法、减法、数乘运算。这些运算的结果仍为向量。

2. 提出问题 2

请继续回忆，我们是怎样引入向量的加法运算的？我们又是按照怎样的顺序研究了这种运算？

答：物理模型—概念—性质—运算律—应用。

3. 新课引入

本节课我们仍然按照这种思路来研究向量的另外一种运算。导入课题：平面向量数量积的物理背景及其含义。

（1）明白新旧知识的联系；

（2）明白研究向量的数量积这种运算的途径。

情境二：探究数量积的概念

1. 给出有关材料并提出问题 3

（1）一物体在力 F 的作用下产生位移 s，那么力 F 所做的功是多少？

（2）这个公式有什么特点？请完成下列填空：

①W（功）是_____量；　　　②F（力）是_____量；

③s（位移）是_____量。

（3）你能用文字语言表述"功的计算公式"吗？

答：功是力与位移的大小及其夹角余弦的乘积。

（4）如果我们将公式中的力与位移推广到一般向量，其结果又该如何表述？

答：两个向量的大小及其夹角的余弦的乘积。

2. 明晰数量积的定义

（1）数量积的定义

已知两个非零向量 a 与 b，它们的夹角为 θ，我们把数量 $|a||b|\cos\theta$ 叫作 a 与 b 的数量积（或内积），记作 $a \cdot b$，即 $a \cdot b = |a||b|\cos\theta$。

（2）定义说明

①记作"$a \cdot b$"中间的"·"不可以省略，也不可以用"×"代替。

②"规定"：零向量与任何向量的数量积为零。

a. 认识向量的数量积的实际背景。

b. 使学生在形式上认识数量积的定义。

c. 从数学和物理两个角度创设问题情境，使学生明白为什么研究这种运算，从而产生强烈的求知欲望。

3. 提出问题 4

向量的数量积运算与线性运算的结果有什么不同？影响数量积大小的因素有哪些？

答：线性运算的结果是向量，而数量积的结果是数量，这个数量的大小不仅和向量 a 与 b 的模有关，还和它们的夹角有关。

4. 学生讨论，并完成表 20

表 20

θ 的范围	$0° \leqslant \theta < 90°$	$\theta = 90°$	$90° < \theta \leqslant 180°$
$a \cdot b$ 的符号			

设计意图：引导学生通过自主研究，明确两个向量的夹角决定它们的数量积的符号，进一步从细节上理解向量数量积的定义。

5. 研究数量积的几何意义

（1）给出向量投影的概念。

我们把 $|b|\cos\theta$（$|a|\cos\theta$）叫作向量 b 在 a 上（a 在 b 上）的投影。

（2）提出问题 5：数量积的几何意义是什么？

答：数量积 $a \cdot b$ 等于 a 的长度 $|a|$ 与 b 在 a 上的投影 $|b|\cos\theta$ 的乘积。

设计意图： 这里将数量积的几何意义提前，使学生从代数和几何两个方面对数量积的特征有了更加充分的认识。

6. 研究数量积的物理意义

（1）请同学们用一句话来概括功的数学本质：功是力与位移的数量积。

（2）尝试练习：一物体质量是 10 kg，分别做以下运动：①竖直下降 10 m；②竖直上升 10 m；③在水平面上的位移为 10 m；④沿倾角为 30°的斜面向上运动 10 m。分别求重力做功的大小。

设计意图： 通过尝试练习，一方面使学生尝试计算数量积，巩固对定义的理解；另一方面使学生理解数量积的物理意义，明白学科间的联系，同时也为数量积的性质埋下伏笔。

情境三：探究数量积的运算性质

（1）提出问题 6：将尝试练习中的①②③的结论推广到一般向量，你能得到哪些结论？比较 $|a \cdot b|$ 与 $|a||b|$ 的大小，你有什么结论？

（2）请证明上述结论。

（3）明晰数量积的性质。

设 a 和 b 都是非零向量，则

① $a \perp b \Leftrightarrow a \cdot b = 0$。

② 当 a 与 b 同向时，$|a \cdot b| = |a||b|$；

当 a 与 b 反向时，$a \cdot b = -|a||b|$，特别地 $a \cdot a = |a|^2$ 或 $|a| = \sqrt{a \cdot a}$。

③ $|a \cdot b| \leqslant |a||b|$。

设计意图： 将尝试练习的结论推广得到数量积的运算性质，使学生感到亲切自然，同时也培养了学生由特殊到一般的思维品质和类比创新的意识。

情境四：探究数量积的运算律

1. 提出问题

我们学过了实数乘法的哪些运算律？这些运算律对向量是否也适用？

答：（1）交换律：$ab = ba$

（2）结合律：$(ab)c = a(bc)$

（3）分配律：$(a+b)c=ac+bc$

猜想：① $a \cdot b = b \cdot a$；② $(a \cdot b)c = a(b \cdot c)$；③ $(a+b) \cdot c = a \cdot c + b \cdot c$。

2. 分析猜想

猜想①的正确性是显而易见的。

关于猜想②的正确性，请同学们先讨论：猜想②的左右两边的结果各是什么？它们一定相等吗？

答：左边是与向量 c 共线的向量，右边则是与向量 a 共线的向量，显然在向量 c 与向量 a 不共线的情况下猜测②是不正确的。

教师点睛：教师可以通过学生的讨论进行纠错，理解不同的运算有不同的运算律，体会到数学法则与法则之间的区别与联系。同时注意利用学生的错误这一重要资源，让学生更容易找到易错点与易混点，从而更清晰、准确地掌握知识。

设计意图：上面几个问题，层层递进，都是把较难的问题转化为已经解决的较易的标准问题，体现了知识与方法上的转化。要求学生通过对过去所学的运算律的回顾类比得出数量积的运算律，通过讨论纠错来理解不同运算的运算律不尽相同，看到数学的法则与法则间的相互联系与区别，体会法则并学习研究的重要性。

3. 明晰数量积的运算律

已知向量 a，b，c 和实数 λ，则：

（1）$a \cdot b = b \cdot a$；

（2）$(\lambda a) \cdot b = \lambda(a \cdot b) = a \cdot (\lambda b)$；

（3）$(a+b) \cdot c = a \cdot c + b \cdot c$。

4. 师生活动：证明运算律（2）

在证明时，学生可能只考虑到 $\lambda > 0$ 的情况，为了帮助学生完善证明，提出以下问题：当 $\lambda < 0$ 时，向量 a 与 λb 的方向关系如何？此时，向量 λa 与 b 及 a 与 λb 的夹角与向量 a 与 b 的夹角相等吗？

5. 师生活动：证明运算律（3）

设计意图：学会利用定义证明运算律（1）（2），运算律（3）的图形构造有些困难，先让学生讨论，再根据学生的情况加以指导或共同完成。

情境五：应用与提高

学生独立完成：已知 $|a|=5$，$|b|=4$，a 与 b 的夹角 $\theta = 120°$，求 $a \cdot b$。

设计意图：通过计算巩固对定义的理解。

师生共同完成：已知 $|a|=6$，$|b|=4$，a 与 b 的夹角 $\theta=60°$，求 $(a+2b)\cdot$ $(a-3b)$，并思考此运算过程类似于哪些实数运算。

学生独立完成：对任意向量 a，b，是否有以下结论？

$(a+b)^2=a^2+2a\cdot b+b^2$

$(a+b)\cdot(a-b)=a^2-b^2$。

设计意图：让学生体会解题中的运算律的作用，比较向量运算与实数运算的异同。

师生共同完成：已知 $|a|=3$，$|b|=4$，且 a 与 b 不共线，k 为何值时，向量 $a+kb$ 与 $a-kb$ 互相垂直？并讨论：通过本题，你有何体会？

设计意图：学会利用数量积来解决垂直问题，体会用数量积将几何问题转化为方程来求解，体现向量的工具性。

反馈练习：

（1）判断下列各题正确与否：

①若 $a\neq0$，则对任一非零向量 b，有 $a\cdot b\neq0$。

②若 $a\neq0$，$a\cdot b=a\cdot c$，则 $b=c$。

（2）已知 $\triangle ABC$ 中，向量 $\overrightarrow{AB}=a$，向量 $\overrightarrow{AC}=b$，当 $a\cdot b<0$ 或 $a\cdot b=0$ 时，试判断 $\triangle ABC$ 的形状。

设计意图：①加强学生的练习；②通过观察、问答等方式对学生的情况有了进一步的了解和把握。

情境六：小结

（1）本节课我们学习的主要内容是什么？

（2）拓展与发展：

已知 a 与 b 都是非零向量，且 $a+3b$ 与 $7a-5b$ 垂直，$a-4b$ 与 $7a-2b$ 垂直，求 a 与 b 的夹角。（本题供学有余力的同学选做）

设计意图：通过设计不同层次的作业既使学生掌握了基础知识，又使学有余力的学生有所提高，从而达到激发兴趣和"减负"的目的。

情境七：课后反思

让学生回顾总结本节课的学习内容及探究、解决问题的方法。

设计意图：让学生整理相关的学习内容，使"知识系统性，知识熟练性"得到更加充分的体现，体会所学知识的引入基础，探究、解决问题时用到的数学思想与方法，培养学生思考问题、分析问题、解决问题的能力。

七、教学反思

本节课教学效果不错，主要是因为将学习主动权交还给学生，注重学生的主动探索、思考及师生互动环节，知识内容直观、生动，抓住重点。本节课还使学生懂得对已有知识进行迁移，采用类比的方法让学生主动学习、合作、交流，体现数学知识发现与创造的过程，培养了学生数学表达与交流的能力。

从总体上说这是一节概念教学，从数学和物理两个角度创设问题情境来引入数量积的概念，能激发学生的学习兴趣，通过安排学术讨论影响数量积结果的因素并完成表格和将数量积的几何意义提前，有助于学生更好地理解数量积的结果是数量而不是向量。数量积的性质和运算律是数量积概念的延伸，对这两方面的内容教师先创设一定的情境，让学生自己去探究、去发现结论，教师明晰后，再由学生或师生共同完成证明。这样能更清楚地看到数学法则与法则间的联系与区别，体会法则学习研究的重要性。

学科素养在高中数学课堂教学中的探索与实践

——以"三角函数的诱导公式"为例的教学设计

广东省梅州市大埔县田家炳高级职业学校　刘青云

数学六大素养包括数学抽象、逻辑推理、数学建模、数学运算、直观想象、数据分析。史宁中教授说，数学的核心素养就是用数学的眼光观察世界，用数学的思维思考现实世界，用数学语言表达世界。高中数学教学承载着培养学生数学核心素养的重要使命，要在数学教学中落实数学核心素养的培养，首先要有基于数学核心素养的教学设计。数学教学设计的中心任务就是设计出一个或一组问题，把数学教学活动变成提出问题和解决问题的过程，让学生在解决问题的过程中"做数学、学数学、增长知识、发展数学能力"。本文以"三角函数的诱导公式"的教学为例，在教学中探究让学生经历用数学眼光观察世界，用数学思维思考现实世界，用数学语言表达世界的数学学习过程，从而培养学生的数学核心素养。

陈坤其老师提出一种促进核心素养培养的教学设计模式。该教学设计模式包括教学基础分析、教学目标确定、教学过程设计与教学评价设计四个环节。本文将在参照和改进基础上进行教学设计。

一、教学分析

（一）学习任务

本节课的学习任务是人教 A 版（2019）普通高中数学必修一"5.3 诱导公式"，是公式型学习任务。

本节课学习任务重点是通过研究 $2k\pi + \alpha$（$k \in \mathbf{Z}$），$-\alpha$，$\pi \pm \alpha$ 这些角与角

α终边的特殊关系，借助单位圆的对称性，观察对应点的坐标关系，在任意角三角函数的定义知识基础上，用对称变换的思想，推出四个诱导公式，让学生经历数学数形结合、转化和化归思想的运用。

（二）学生基础

（1）认知基础，在学习本节内容前，学生已经复习过初中锐角的正弦、余弦、正切，学习了任意角及其度量，任意角正弦、余弦、正切及其关系。这些是探究和推导四个诱导公式的基础。

（2）认知障碍，本节公式的种类繁多，要求归纳的知识点多，对于学生的总结归纳能力有一定要求。

二、教学目标

知识与技能：

（1）识记诱导公式，理解和掌握诱导公式的内涵和结构特征，总结出诱导公式的简化形式。

（2）会初步运用诱导公式求三角函数的值，并进行简单三角函数的化简。

过程与方法：

（1）通过诱导公式的推导，发展逻辑推理能力、直观想象和数学运算的核心素养。

（2）通过问题的提出、分析、解决过程，培养数学抽象素养、探究问题的能力，从而进一步强化问题解决中的化归思想和归纳总结能力。

情感态度与价值观：

（1）体验数学探索的成就感。

（2）培养学习数学的兴趣和热情。

（3）培养科学的探索精神。

三、教学重难点

教学重点：推导四组诱导公式并理解推导过程；理解并记忆四组诱导公式；利用诱导公式进行求值和化简运算。

教学难点：推导诱导公式，利用单位圆，数形结合突破难点。

四、教学方法、手段

（1）教学方法：问题驱动、引导探究、总结归纳。

（2）教学手段：PPT、几何画板。

五、教学过程

（一）问题导入，引入课题（约1分钟）

问题1：$2k\pi + \alpha$（$k \in \mathbf{Z}$），$-\alpha$，$\pi \pm \alpha$ 这些角与角 α 终边有怎样的关系？

问题2：已知角 α 的正弦、余弦、正切值，能否求出上述这些角的正弦、余弦、正切值？

这就是我们今天要解决的问题。

设计意图：通过问题启发学生思考，理解诱导公式所要解决的问题，引入本节课主题。

（二）探究发现形成概念（约2分钟）

问题1：角 $2k\pi + \alpha$（$k \in \mathbf{Z}$）的终边与角 α 终边的关系是什么？它们的正弦、余弦、正切值的关系呢？

生：终边相同 $\Rightarrow$ 正弦、余弦、正切值对应相等。

师：请同学们试着写一写：

公式一：$\sin(2k\pi + \alpha) = \sin\alpha$，$\cos(2k\pi + \alpha) = \cos\alpha$，$\tan(2k\pi + \alpha) = \tan\alpha$

生思考、书写两角的正弦、余弦、正切值对应相等。

师：请同学们思考公式一的用途。

生：将求任意角的正弦、余弦、正切值，转化为 $[0, 2\pi)$ 范围内的角的相应值。

问题2：角 $-\alpha$ 的终边与角 α 终边的关系是什么？它们的正弦、余弦、正切值的关系呢？请同学们根据图43完成探究一。

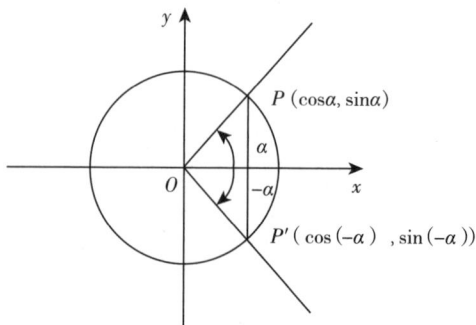

图43

探究一：

（1）角 $-\alpha$ 与角 α 的终边位置关系：关于 x 轴对称。

（2）角 α 的终边与单位圆交于点 P，角 $-\alpha$ 的终边与单位圆交于点 P'，点 P 与点 P' 的位置关系：关于 x 轴对称；两点横坐标关系：相等；纵坐标关系：互为相反数。

（3）（公式二）：$\sin(-\alpha) = -\sin\alpha$，$\cos(-\alpha) = \cos\alpha$，$\tan(-\alpha) = -\tan\alpha$

师：请同学们思考公式二的用途。

生：将求负角的三角函数值转化为求正角的三角函数值。

问题 3： 角 $\pi-\alpha$ 的终边与角 α 终边的关系是什么？它们的正弦、余弦、正切值的关系呢？请同学们根据图 44 完成探究二。

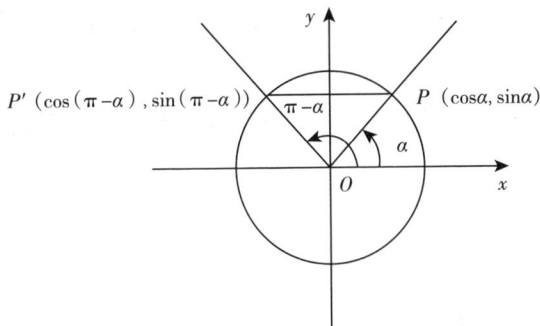

图 44

探究二：（1）角 $\pi-\alpha$ 与角 α 的终边位置关系：关于 y 轴对称。

（2）角 α 的终边与单位圆交于点 P，角 $\pi-\alpha$ 的终边与单位圆交于点 P'，点 P 与点 P' 位置关系：关于 y 轴对称；两点横坐标关系：互为相反数；纵坐标关系：相等。

（3）公式三：$\sin(\pi-\alpha) = \sin\alpha$，$\cos(\pi-\alpha) = -\cos\alpha$，$\tan(\pi-\alpha) = -\tan\alpha$

师：请同学们思考公式三的用途。

生：将求 $\left(\dfrac{\pi}{2}, \pi\right)$ 范围内角的三角函数值转化为求 $\left(0, \dfrac{\pi}{2}\right)$ 范围内角的三角函数值。

问题 4： 角 $\pi+\alpha$ 的终边与角 α 终边的关系是什么？它们的正弦、余弦、正切值的关系呢？请同学们根据图 45 完成探究三。

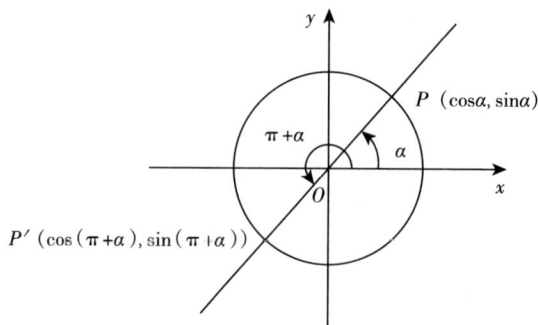

图 45

探究三：

（1）角 $\pi + \alpha$ 与角 α 的终边位置关系：关于原点对称。

（2）角 $\pi + \alpha$ 的终边与单位圆交于点 P'，角 α 的终边与单位圆交于点 P，点 P 与点 P' 位置关系：关于原点对称；两点横坐标关系：互为相反数；纵坐标关系：互为相反数。

（3）公式四： $\sin(\pi + \alpha) = -\sin\alpha$，$\cos(\pi + \alpha) = -\cos\alpha$，$\tan(\pi + \alpha) = \tan\alpha$

师：请同学们思考公式四的用途。

生：将求 $\left(\pi, \dfrac{3}{2}\pi\right)$ 范围内角的三角函数值转化为求 $\left(0, \dfrac{\pi}{2}\right)$ 范围内角的三角函数值。

总结： 利用以上四组诱导公式，可以将求任意角的正弦、余弦、正切值转化为求 $\left(0, \dfrac{\pi}{2}\right)$ 范围内的角的相应值。

$2k\pi + \alpha$ $(k \in \mathbf{Z})$ 全部正，$-\alpha$ 余弦正，$\pi - \alpha$ 正弦正，$\pi + \alpha$ 正切正（将 α 看成锐角，符号看象限）。

（三）例题讲解巩固新知

例 1： 利用诱导公式求下列三角函数值：

（1）$\cos 225°$；

（2）$\sin\left(\dfrac{8\pi}{3}\right)$；

（3）$\sin\left(-\dfrac{16\pi}{3}\right)$；

（4）$\tan(-2040°)$。

解：（1） $\cos 225° = \cos (180° + 45°) = -\cos 45° = -\dfrac{\sqrt{2}}{2}$。

（2） $\sin\left(\dfrac{8\pi}{3}\right) = \sin\left(2\pi + \dfrac{2\pi}{3}\right) = \sin\dfrac{2\pi}{3} = \sin\left(\pi - \dfrac{\pi}{3}\right) = \sin\dfrac{\pi}{3} = \dfrac{\sqrt{3}}{2}$。

（3） $\sin\left(-\dfrac{16\pi}{3}\right) = -\sin\dfrac{16\pi}{3} = -\sin\left(5\pi + \dfrac{\pi}{3}\right) = -\left(-\sin\dfrac{\pi}{3}\right) = \sin\dfrac{\pi}{3} = \dfrac{\sqrt{3}}{2}$；

（4） $\tan (-2040°) = -\tan (2040°) = -\tan (5 \times 360° + 240°) = -\tan (180° + 60°) = -\tan 60° = -\sqrt{3}$。

同学们通过例 1 总结一下利用诱导公式求值的步骤：

负角化正角→大角变小角。

例 2：化简： $\dfrac{\cos (180° - \alpha) \cdot \sin (\alpha + 360°)}{\tan (-\alpha - 180°) \cdot \cos (-180° + \alpha)}$。

解：∵ $\tan (-\alpha - 180°) = \tan [-(\alpha + 180°)] = -\tan (\alpha + 180°) = -\tan\alpha$，

$\cos (-180° + \alpha) = \cos [-(180° - \alpha)] = \cos (180° - \alpha) = -\cos\alpha$，

$\sin (\alpha + 360°) = \sin\alpha$，

$\cos (180° - \alpha) = -\cos\alpha$，

∴ 原式 $= \dfrac{-\cos\alpha \cdot \sin\alpha}{-\tan\alpha \cdot (-\cos\alpha)} = -\dfrac{\sin\alpha}{\tan\alpha} = -\cos\alpha$。

（四）课堂练习迁移应用（约 10 分钟）

1. 利用诱导公式求值：

（1） $\sin\dfrac{19\pi}{4}$；（2） $\cos\left(-\dfrac{5\pi}{6}\right)$；（3） $\tan\left(-\dfrac{14\pi}{3}\right)$.

解：（1） $\sin\dfrac{19\pi}{4} = \sin\left(4\pi + \dfrac{3\pi}{4}\right) = \sin\dfrac{3\pi}{4} = \sin\left(\pi - \dfrac{\pi}{4}\right) = \sin\dfrac{\pi}{4} = \dfrac{\sqrt{2}}{2}$；

（2） $\cos\left(-\dfrac{5\pi}{6}\right) = \cos\dfrac{5\pi}{6} = \cos\left(\pi - \dfrac{\pi}{6}\right) = -\cos\dfrac{\pi}{6} = -\dfrac{\sqrt{3}}{2}$；

（3） $\tan\left(-\dfrac{14\pi}{3}\right) = -\tan\dfrac{14\pi}{3} = -\tan\left(4\pi + \dfrac{2\pi}{3}\right) = -\tan\left(\pi - \dfrac{\pi}{3}\right) = -\left(-\tan\dfrac{\pi}{3}\right) = \sqrt{3}$。

2. 化简：

（1） $\dfrac{\sin (180° - \alpha)}{\sin (180° + \alpha)} + \dfrac{\cos (360° - \alpha)}{\cos (180° + \alpha)} + \dfrac{\tan (180° + \alpha)}{\tan (-\alpha)}$；

（2） $\dfrac{\sin (\pi - \alpha)}{\cos (\pi + \alpha)} \cdot \dfrac{\sin (2\pi - \alpha)}{\tan (\pi + \alpha)}$。

解：（1）$\dfrac{\sin\,(180°-\alpha)}{\sin\,(180°+\alpha)}+\dfrac{\cos\,(360°-\alpha)}{\cos\,(180°+\alpha)}+\dfrac{\tan\,(180°+\alpha)}{\tan\,(-\alpha)}=\dfrac{\sin\alpha}{-\sin\alpha}+$

$\dfrac{\cos\alpha}{-\cos\alpha}+\dfrac{\tan\alpha}{-\tan\alpha}=-1+(-1)+(-1)=-3$；

（2）$\dfrac{\sin\,(\pi-\alpha)}{\cos\,(\pi+\alpha)}\cdot\dfrac{\sin\,(2\pi-\alpha)}{\tan\,(\pi+\alpha)}=\dfrac{\sin\alpha}{-\cos\alpha}\cdot\dfrac{-\sin\alpha}{\tan\alpha}=\sin\alpha$。

（五）课堂小结，布置作业（约 3 分钟）

公式一 $2k\pi+\alpha$ 全正，

$\sin\,(2k\pi+\alpha)=\sin\alpha$，$\cos\,(2k\pi+\alpha)=\cos\alpha$，$\tan\,(2k\pi+\alpha)=\tan\alpha$。

公式二 $-\alpha$ 余弦正

$\sin\,(-\alpha)=-\sin\alpha$，$\cos\,(-\alpha)=\cos\alpha$，$\tan\,(-\alpha)=-\tan\alpha$。

公式三 $\pi-\alpha$ 正弦正

$\sin\,(\pi-\alpha)=\sin\alpha$，$\cos\,(\pi-\alpha)=-\cos\alpha$，$\tan\,(\pi-\alpha)=-\tan\alpha$。

公式四 $\pi+\alpha$ 正切正

$\sin\,(\pi+\alpha)=-\sin\alpha$，$\cos\,(\pi+\alpha)=-\cos\alpha$，$\tan\,(\pi+\alpha)=\tan\alpha$。

注：为了记忆方便，同学们可以记忆口诀，也可以将 α 看成锐角，观察 $2k\pi+\alpha$，$-\alpha$，$\pi\pm\alpha$ 这些角的终边落在哪个象限，正负号就可以看象限确定了。

课后作业：

基础练习

1. 利用诱导公式求值：

（1）$\sin 1110°$；

（2）$\cos\dfrac{9\pi}{4}$；

（3）$\cos\,(-600°)$；

（4）$\tan\left(-\dfrac{7\pi}{6}\right)$。

2. 利用诱导公式分别求角 $-\dfrac{23\pi}{3}$，$\dfrac{87\pi}{4}$ 的正弦、余弦、正切值。

3. 化简下列各式：

（1）$\dfrac{\sin\,(\alpha-\pi)}{\cos\,(\alpha-\pi)}\cdot\dfrac{\sin\,(\alpha-\pi)}{\tan\,(\alpha-2\pi)}$；

（2）$\dfrac{\tan\,(\alpha+\pi)\,\cos\,(-\alpha)\,\sin\,(2\pi-\alpha)}{\tan\,(\pi-\alpha)\,\sin\,(\alpha-3\pi)}$。

能力拓展（选做）

1. 已知 $\sin\alpha = \dfrac{2\sqrt{5}}{5}$，$\alpha \in \left(\dfrac{\pi}{2}, \pi\right)$，求 $\tan(\pi+\alpha) + \dfrac{\cos(\pi-\alpha)}{\sin(-\alpha)}$ 的值。

2. 已知 $\cos\left(\dfrac{\pi}{6}-\alpha\right) = \dfrac{\sqrt{3}}{3}$，求 $\cos\left(\dfrac{5\pi}{6}+\alpha\right) - \sin^2\left(\alpha-\dfrac{\pi}{6}\right)$ 的值。

基础练习答案：1.（1）$\dfrac{1}{2}$；（2）$\dfrac{\sqrt{2}}{2}$；（3）$-\dfrac{1}{2}$；（4）$-\dfrac{\sqrt{3}}{3}$。

2. 角 $-\dfrac{23\pi}{3}$ 的正弦、余弦、正切值分别为 $\dfrac{\sqrt{3}}{2}$，$\dfrac{1}{2}$，$\sqrt{3}$；角 $\dfrac{87\pi}{4}$ 的正弦、余弦、正切值分别为 $-\dfrac{\sqrt{2}}{2}$，$\dfrac{\sqrt{2}}{2}$，-1。

能力拓展答案：1. $-\dfrac{5}{2}$；2. $-\dfrac{2+\sqrt{3}}{3}$。

六、教学评价

喻平教授在《核心素养指向的数学学习评价设计》中指出过程性评价是一种在课程实施的过程中对学生的学习进行评价的方式，简单地说，过程性评价就是在教学过程中对学生学习行为的评价。参照喻平教授提出的《数学核心素养品格与价值观评价量表》，开展本节课的教学评价。

结语：数学课堂教学是培养学生数学核心素养的主阵地，基于数学核心素养进行教学设计是实现让学生经历用数学眼光观察世界，用数学思维思考现实世界，用数学语言表达世界的数学学习过程的重要手段。

参考文献

［1］张奠宙，宋乃庆．数学教育概论［M］．北京：高等教育出版社，2010.

［2］陈坤其．基于学科核心素养的高中数学教学设计——以《三角函数的概念》为例［J］．福建基础教育研究，2020（7）：59－63.

［3］王丹峰．基于核心素养的高中数学公式教学探析——以"三角函数的诱导公式"教学为例［J］．延边教育学院学报，2019，33（3）：197，198，203.

［4］喻平．核心素养指向的数学学习评价设计［J］．数学通报，2022，61（6）：1－8.

"指数函数" 教学设计

广东省梅州市大埔县田家炳实验中学　吴运辉

一、教材分析

（一）教材背景

指数函数是在学习了函数的定义及图像、性质，掌握了研究函数的一般思路，并将幂指数从整数扩充到实数范围之后，学习的第一个重要的基本初等函数，是函数的重要内容。本节内容分三课时完成，第一课时学习指数函数的概念、图像、性质；第二、三课时学习指数函数性质的应用，本课为第一课时。

（二）本课的地位和作用

本节内容既是函数内容的深化，又是今后学习对数函数的基础，具有非常高的实用价值，在教材中起到承上启下的关键作用。指数函数的研究过程蕴含了数形结合、分类讨论、归纳推理、演绎推理等数学思想方法，通过学习可以帮助学生进一步理解函数，培养学生的函数应用意识，增强学生对数学的兴趣。

二、教学重难点

教学重点：本节课是围绕指数函数的概念和图像，并依据图像特征归纳其性质展开的，因此本节课的教学重点是掌握指数函数的图像和性质。

教学难点：

（1）对于 $a>1$ 和 $0<a<1$ 时函数图像的不同特征，学生不容易归纳认识清楚。因此，弄清楚底数 a 对函数图像的影响是本节课的难点之一。

（2）底数相同的两个函数图像间的关系。

三、教学目标

知识与技能：掌握指数函数的概念、图像和性质。

过程与方法：通过自主探索，让学生经历"特殊→一般→特殊"的认知过程，完善认知结构，领会数形结合、分类讨论、归纳推理等数学思想方法。

情感态度与价值观：让学生感受数学问题探索的乐趣和成功的喜悦，体会数学的理性、严谨及数与形的和谐统一美，展现数学实用价值及其在社会进步、人类文明发展中的重要作用。

四、学情分析

有利因素：学生刚刚学习了函数的定义、图像、性质，已经掌握了研究函数的一般思路，对本节课的学习会有很大帮助。

不利因素：本节内容思维量较大，对思维的严谨性和分类讨论、归纳推理等能力有较高要求，学生学习起来有一定难度。

五、教法学法

根据对教材、重难点、目标及学生情况的分析，本着教法为学法服务的宗旨，确定以下教法、学法：

探究发现式教学法、类比学习法，并利用多媒体辅助教学。遵循"以学生为主体，教师是数学课堂活动的组织者、引导者和参与者"的现代教育原则。依据本节为概念学习的特点，类比学习函数的一般思路，以问题的提出、问题的解决为主线，始终在学生知识的"最近发展区"设置问题，倡导学生主动参与，通过不断探究、发现，在师生互动、生生互动中，让学习过程成为学生心灵愉悦的主动认知过程。

六、教学流程

复习旧知→新课引入→探索新知→知识扩展→课堂练习→课堂小结→课后作业。

七、教学过程

（一）复习旧知

函数的三要素是什么？函数的单调性反映了函数哪些方面的特征？

答：函数的三要素包括定义域、对应关系、值域。函数的单调性反映了函数值随自变量变化而发生变化的一种趋势。例如，某个函数当自变量取值增大时对应的函数值也增大，则表明此函数为增函数，从图像上也能看出来越往右图像上的点越高。

（二）新课引入

观看视频解答下面两个问题：

问题 1：某种细胞分裂时，由一个分裂成 2 个，2 个分裂成 4 个，…，这样的细胞分裂 x 次后，细胞个数 y 与 x 的函数关系式为 $y = 2^x$（$x \in \mathbf{N}^*$）

问题 2：铀核裂变能产生巨大的能量，它的裂变方式称为链式反应，假定 1个中子击打 1 个铀核，此中子被吸收产生能量并释放出 3 个中子，这 3 个中子又打中另外 3 个铀核产生 3 倍的能量并释放出 9 个中子，这 9 个中子又击中 9个铀核……这样的击打进行了 x 次后释放出的中子数 y 与 x 的关系式为 $y = 3^x$（$x \in \mathbf{N}^*$）。

提问：$y = 2^x$ 与 $y = 3^x$ 这类函数的解析式有何共同特征？

答：函数解析式都是指数形式，底数为定值且自变量在指数位置。

（若用 a 代换两个式子中的底数，并将自变量的取值范围扩展到实数集，则得到……）

（三）探索新知

1. 指数函数的定义

一般地，函数 $y = a^x$（$a > 0$，且 $a \neq 1$）叫作指数函数，其中 x 是自变量，函数的定义域是 $\mathbf{R}$。

提问：在本定义中要注意哪些要点？（表 21）

表 21

1	自变量	x
2	定义域	$\mathbf{R}$
3	a 的范围	$a > 0$，且 $a \neq 1$
4	定义的形式（对应关系）	$y = a^x$

进一步提问：为什么定义中规定 $a > 0$ 且 $a \neq 1$？

将 a 如图 46 所示分为：$a < 0$，$a = 0$，$0 < a < 1$，$a = 1$ 和 $a > 1$ 五部分进行讨论：

图 46

（1）如果 $a < 0$，比如 $y = (-4)^x$，这时对于 $x = \dfrac{1}{4}$，$x = \dfrac{1}{2}$ 等，在实数范围内函数值不存在；

（2）如果 $a = 0$，$\begin{cases} 当\ x > 0\ 时，a^x \equiv 0， \\ 当\ x \leqslant 0\ 时，a^x\ 无意义； \end{cases}$

（3）如果 $a = 1$，$y = 1^x = 1$，是个常值函数，没有研究的必要；

（4）如果 $0 < a < 1$ 或 $a > 1$，即 $a > 0$ 且 $a \neq 1$，x 可以是任意实数。

＊因为指数概念已经扩充到整个实数范围，所以在 $a > 0$ 且 $a \neq 1$ 的前提下，x 可以是任意实数，即指数函数的定义域为 **R**。

2. 指数函数图像

指数函数的图像是怎样的呢？先看特殊例子。（同学们分两组用描点法分别画出下列函数的图像）

第一组：画出 $y = 2^x$，$y = \left(\dfrac{1}{2}\right)^x$ 的图像；第二组：画出 $y = 3^x$，$y = \left(\dfrac{1}{3}\right)^x$ 的图像。

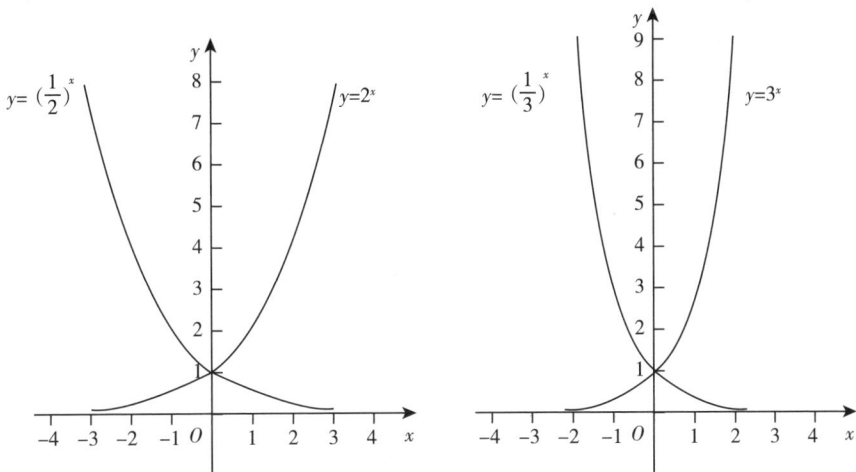

图 47

（及时指导学生作图，然后播放已经作好的函数图像（图47），让学生比较
与自己所画出来的有哪些异同点）

提问：此两组图像有何共同特征？当底数 $0 < a < 1$ 和 $a > 1$ 时，图像有何
区别？

3. 指数函数性质

根据指数函数的图像特征，由特殊到一般的推理方法提炼指数函数的性质，
完成表22：

表 22

	$a > 1$	$0 < a < 1$
图像		
性质	(1) 定义域：**R**	
	(2) 值域：$(0, +\infty)$	
	(3) 过点 $(0, 1)$，即 $x = 0$ 时，$y = 1$	
	(4) 在 **R** 上是增函数	(4) 在 **R** 上是减函数

（说明：教材对于指数函数性质的处理，仅是观察图像发现的，其正确性理
应严格证明，但教材不做要求）

4. 指数函数性质的简单应用

例1：某种放射性物质不断变化为其他物质，每经过一年剩下的这种物质
是原来的84%。画出这种物质的剩下量随时间变化的图像，并从图像上求出经
过多少年，剩下的这种物质的量是原来的一半（保留一位有效数字）。

解：设这种物质最初的量是1，经过 x 年后，剩下的量是 y。

经过1年，剩下的量 $y = 1 \times 84\% = 0.84^1$，

经过2年，剩下的量 $y = 84\% \times 84,\% = 0.84^2$，

……

一般地，经过 x 年，剩下的量 $y = 0.84^x$。根据这个函数关系式可以列出
表23：

表 23

x	0	1	2	3	4	5	6
y	1	0.84	0.71	0.59	0.50	0.42	0.35

画出指数函数 $y = 0.84^x$ 的图像如图 48。从图上看出 $y = 0.5$ 时，$x \approx 4$。

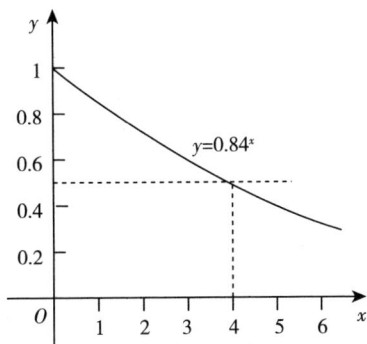

图 48

答：约经过 4 年，剩下的量是原来的一半。

例 2：画出下列指数函数的图像并探究与 $y = 2^x$ 的关系。

（1） $y = 2^{x+1}$ （2） $y = 2^{x-2}$

解：（1）画图像如图 49。

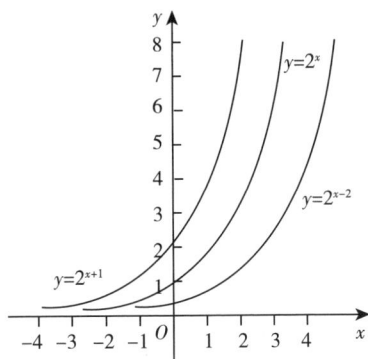

图 49

比较函数 $y = 2^{x+1}$ 与 $y = 2^x$：$y = 2^{-3+1}$ 与 $y = 2^{-2}$ 相等，

$y = 2^{-2+1}$ 与 $y = 2^{-1}$ 相等，

$y = 2^{2+1}$ 与 $y = 2^3$ 相等，

……

227

由此可以知道，将指数函数 $y=2^x$ 的图像向左平行移动 1 个单位长度，就得到函数 $y=2^{x+1}$ 的图像。

（2）比较函数 $y=2^{x-2}$ 与 $y=2^x$：

$y=2^{-1-2}$ 与 $y=2^{-3}$ 相等，

$y=2^{0-2}$ 与 $y=2^{-2}$ 相等，

$y=2^{3-2}$ 与 $y=2^1$ 相等，

……

由此可以知道，将指数函数 $y=2^x$ 的图像向右平行移动 2 个单位长度，就得到函数 $y=2^{x-2}$ 的图像。

（四）知识扩展

1. 考古中的指数函数

^{14}C 是具有放射性的碳同位素，能够自发地进行 β 衰变，变成氮，半衰期为 5730 年，活的植物通过光合作用和呼吸作用与环境交换碳元素，体内 ^{14}C 的比例与大气中的相同。植物枯死后，遗体内的 ^{14}C 仍在进行衰变，不断减少，但是不再得到补充。因此，根据放射性强度减小的情况就可以算出植物死亡的时间。

测年方法进入考古学研究被誉为考古学发展史上的一次革命，它将考古学研究中得到的相对年代转变为绝对年代，给考古学带来了质的飞跃，使研究更加科学化，促进了考古学研究的深入。其中测算公式是一个指数式 $y=\left(\dfrac{1}{2}\right)^{\frac{x}{5730}}$。

2. 音乐中的指数函数

钢琴是一种用琴槌击弦而振动发声的键盘乐器。从左往右逐个试弹所有琴键，我们听到的琴声逐渐由低到高，这是因为琴声的高低与琴弦振动的频率有关，而琴弦振动的频率又与琴弦的长度有关。粗略地说，琴弦长则振动慢，频率小，故发出的声音低；琴弦短，则振动快，频率大，故发出的声音高。

音域宽度自大字二组的 A_2 至小字五组的 c^5。根据"十二平均律"的法则，任何两个相邻的键所发出的音相差半音阶（100 音分），它们的振动频率之比是一个常数 Q，设最低的第一个音 A_2 的频率是 a，则第二个音 $^{\#}A_2$ 的频率是 aQ，第三个音 B_2 的频率是 aQ^2……另外，音高每提高八度（如 A_2 到 A_1）频率增大为原来的 2 倍，而八度音域内包含 12 个半音（连续的 7 个白键和 5 个黑键），所以，第十三个音（A_1）的频率是第一个音（A_2）的频率的 2 倍。故 $aQ^{12}=a\times2$，即 $Q^{12}=2$。

另一方面，弦振动的频率与弦长成反比，所以，从左往右，相邻两弦的长

度之比是常数 $q = \dfrac{1}{Q}$，从而有 $q^{12} = \dfrac{1}{2}$。

设左边第一根弦的长度为 l，则第二根弦的长度为 $l \cdot q$，第三根弦的长度为 $l \cdot q^2$……如图 50 所示，取第一根弦所在直线为 y 轴，各弦靠近键盘的端点所在直线为 x 轴建立坐标系，相邻两弦间的距离为长度单位。这时，将弦的另一端点（上部）连成光滑曲线，那么曲线上任意点的坐标 (x, y) 都满足函数关系 $y = lq^x$。

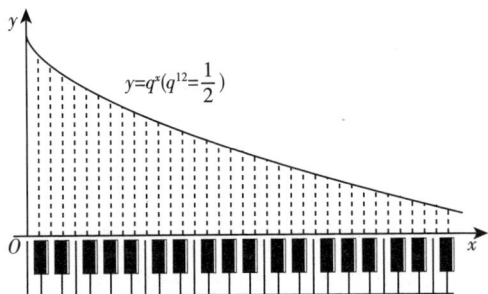

图 50

若令 $c = \log_q l$，则 $y = lq^x$ 可化为 $y = q^{x+c}$。

经过适当平移，就可知道光滑曲线是指数函数 $y = q^x$ 的图像——指数曲线。

生活中到处都有数学，我们要学会用数学的眼光观察世界，用数学发现自然界的奥秘。

（五）课堂练习

1. 求下列函数的定义域。

（1）$y = 3^{\frac{1}{x}}$

（2）$y = 5^{\sqrt{x-1}}$

2. 求函数 $y = a^{2x-3} + 3$ 图像恒过的定点。

3. 作出函数 $y = 2^{x-1}$ 和 $y = 2^x + 1$ 的图像，并说明这两个函数图像与 $y = 2^x$ 的图像的关系。

4. 如图 51 是指数函数①$y = a^x$，②$y = b^x$，③$y = c^x$，④$y = d^x$ 的图像，则 a，b，c，d 的大小关系是（　　　）

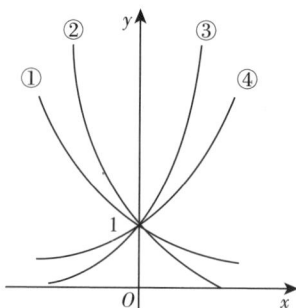

图 51

A. $a < b < 1 < c < d$

B. $b < a < 1 < d < c$

C. $1 < a < b < c < d$

D. $a < b < 1 < d < c$

（六）课堂小结

设问：本课我们主要学习了哪些内容？应当注意些什么？

本节课主要学习了指数函数的定义、图像和性质。弄清楚底数 $a > 1$ 和 $0 < a < 1$ 时函数图像的不同特征及性质是学好本节课的关键所在。

（七）课后作业

①课本第 115 页练习第 1、2、3 题。

②收集关于指数函数应用的相关资料，通过分析整理，写一篇 800 字左右的报告。

八、板书设计

九、教学反思

（一）在教学过程中有几个问题值得注意

（1）学生可能把自变量在指数上的函数都认为是指数函数，应予以及时纠正。

（2）若学生质疑指数函数单调性结论的正确性，应先肯定质疑是正确的，因为用图像观察归纳出来的结论，必须经过严格证明才是可靠的！但由于教材对此不做要求，因此，鼓励学有余力的同学可自己尝试证明。

（二）本课设计有以下几点值得借鉴

（1）本课设计在注重引导学生学习书本知识的同时，还进行了知识的扩展，让学生感受到数学的实用价值。

（2）本课设计时考虑了学生在学习中最可能出现的各种情况，并采用合理方式进行引导、解决。

（3）教学过程中充分发挥学生的主体作用，始终以问题的形式引导学生主动参与，在师生互动、生生互动中让学习过程成为学生心灵愉悦的主动认知过程，做到了把握重点、突破难点。

"平面向量的数量积"教学设计

广东省梅州市大埔县虎山中学　赖畅兴

一、教学目标

（1）了解向量数量积的物理背景，理解向量数量积的含义及其物理意义。

（2）体会向量的数量积与向量投影的关系。

（3）掌握向量数量积的性质，并能运用性质进行相关的运算和判断。

二、教学重难点

教学重点：理解平面向量数量积的含义并会计算。

教学难点：投影向量的概念、数量积的性质。

三、数学核心素养

数学抽象、逻辑推理、直观想象。

四、教学过程

（一）复习导入

问题 1：我们已经学习了向量的哪些运算？这些运算的结果是什么？

问题 2：向量与向量能否相乘？

设计意图：通过复习，巩固旧知，引出课题。

（二）探索新知

在物理课中我们学过功的概念：如图 52，一个物体在力 F 的作用下产生位移 s，那么力 F 所做的功 $W = |F||s|\cos\theta$，其中 θ 是力 F 与位移 s 的夹角。

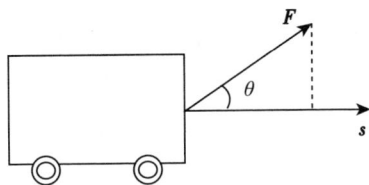

图 52

功是一个标量，它由力和位移两个向量来确定。这给我们一种启示，能否把"功"看成两个向量"相乘"的结果呢？受此启发，我们引入向量"数量积"的概念。

设计意图：通过物理学中功的概念及求功公式中夹角的定义，得出向量夹角的定义，进而得出向量数量积的定义，提升学生的学习能力。

1. 向量夹角

如图 53，已知两个非零向量 a，b，O 是平面上的任意一点，作 $\overrightarrow{OA}=a$，$\overrightarrow{OB}=b$，$\angle AOB=\theta$（$0\leq\theta\leq\pi$）叫作向量 a 与 b 的夹角，记作 $\langle a, b\rangle$。

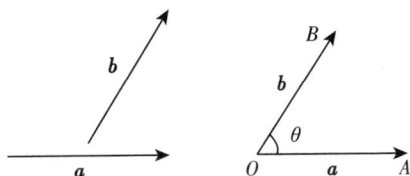

"同起点"原则

图 53

显然，当 $\theta=0$ 时，a 与 b 同向；当 $\theta=\pi$ 时，a 与 b 反向。

如果 a 与 b 的夹角是 $\dfrac{\pi}{2}$，我们就说 a 与 b 垂直，记作 $a\perp b$。

2. 平面向量的数量积

思考：如果我们将公式中的力与位移类比推广到两个一般向量，其结果又该如何表述？（见图 54）

$$W=|F|\cdot|s|\cos\theta$$
$$\downarrow\quad\downarrow\quad\downarrow\quad\downarrow$$
$$a\cdot b=|a||b|\cos\theta$$

图 54

233

定义：已知非零向量 a 与 b，它们的夹角为 θ，我们把数量 $|a||b|\cos\theta$ 叫作 a 与 b 的数量积（或内积），记作 $a \cdot b$，即规定 $a \cdot b = |a||b|\cos\theta$。

规定：零向量与任意向量的数量积为 0，即 $a \cdot 0 = 0$。

说明：（1）两向量的数量积是一个数量，而不是向量，符号由夹角决定；

（2）$a \cdot b$ 中间的"·"在向量的运算中不能省略，也不能写成 $a \times b$；

（3）在运用数量积公式解题时，一定要注意两向量夹角的范围是 $[0°,\ 180°]$.

设计意图：为更好地理解向量数量积的性质打基础。

例题解析：

例1：$|a| = 5$，$|b| = 8$，a 与 b 的夹角 $\theta = \dfrac{2\pi}{3}$，求 $a \cdot b$。

解：$a \cdot b = |a||b|\cos\theta = 5 \times 8 \times \cos\dfrac{2\pi}{3} = 5 \times 8 \times \left(-\dfrac{1}{2}\right) = -20$。

例2：$|a| = 12$，$|b| = 9$，$a \cdot b = -54\sqrt{3}$，求 a 与 b 的夹角。

解：由 $a \cdot b = |a||b|\cos\theta$，得 $\cos\theta = \dfrac{a \cdot b}{|a||b|} = \dfrac{-54\sqrt{3}}{12 \times 9} = -\dfrac{\sqrt{3}}{2}$，

因为 $\theta \in [0,\ \pi]$，所以 $\theta = \dfrac{5\pi}{6}$。

练习：1. 如图55所示，在平行四边形 $ABCD$ 中，已知 $|\overrightarrow{AB}| = 4$，$|\overrightarrow{AD}| = 3$，$\angle DAB = 60°$. 求：（1）$\overrightarrow{BA} \cdot \overrightarrow{BC}$；（2）$\overrightarrow{AB} \cdot \overrightarrow{DA}$。

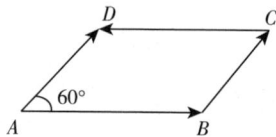

图55

2. 两个非零向量 a 与 b 的数量积的符号和这两向量的夹角 θ 的取值范围有什么关系？

判断：

（1）若 $a \cdot b > 0$，则 θ 为锐角。（　　　）

（2）若 $a \cdot b = 0$，则 θ 为直角。（　　　）

设计意图：提升学生的数学运算核心素养。

3. 投影向量

探究：如图 56 所示，a，b 是两个非零向量，$\overrightarrow{AB}=a$，$\overrightarrow{CD}=b$，a 与 b 的夹角为 θ，你能在图中作出 $|a|\cos\theta$ 的几何图形吗？

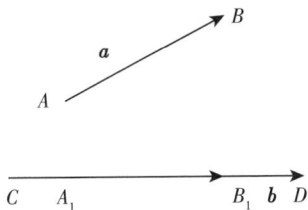

图 56

如图 57①，作如下的变换：过 $\overrightarrow{AB}$ 的起点 A 和终点 B，分别作 $\overrightarrow{CD}$ 所在直线的垂线，垂足分别为 A_1，B_1，得到 $\overrightarrow{A_1B_1}$，我们称这种变换为向量 a 向向量 b 投影，$\overrightarrow{A_1B_1}$ 叫作向量 a 在向量 b 上的投影向量。

如图 57②，我们可以在平面内任取一点 O，作 $\overrightarrow{OM}=a$，$\overrightarrow{ON}=b$。过点 M 作直线 ON 的垂线，垂足为 M_1，则 $\overrightarrow{OM_1}$ 就是向量 a 在向量 b 上的投影向量。

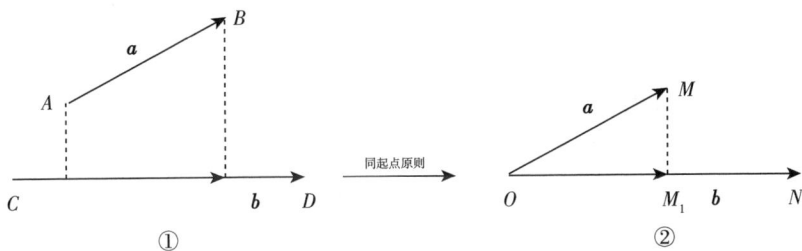

图 57

向量 a 在向量 b 上的投影向量是向量，它的大小和方向如何确定呢？

探究：如图 58 所示，设与 b 方向相同的单位向量为 e，a 与 b 的夹角为 θ，那么 OM_1 与 e，a，θ 之间有怎样的关系？

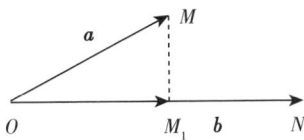

图 58

显然 $\overrightarrow{OM_1}$ 与 e 共线，于是 $\overrightarrow{OM_1} = \lambda e$。

当 θ 为锐角时，$\lambda = |\overrightarrow{OM_1}| = |a|\cos\theta$，

当 θ 为直角时，$\lambda = |\overrightarrow{OM_1}| = 0 = |a|\cos\dfrac{\pi}{2}$，

当 θ 为钝角时，$\lambda = -|\overrightarrow{OM_1}| = |a|\cos\theta$，

当 $\theta = 0$ 时，$\lambda = |\overrightarrow{OM_1}| = |a| = |a|\cos 0$，

当 $\theta = \pi$ 时，$\lambda = -|\overrightarrow{OM_1}| = -|a| = |a|\cos\pi$。

从上面的讨论可知，对于任意的 $\theta \in [0, \pi]$，都有 $\overrightarrow{OM_1} = |a|\cos\theta\, e$。

设计意图： 通过学生的讨论总结，提升学生的逻辑推理能力。

练习：已知 e 为单位向量，$|a| = 4$，a 与 e 的夹角为 $120°$，则 a 在 e 方向上的投影向量为＿＿＿＿。

4. 数量积的性质

设 a，b 是非零向量，它们的夹角是 θ，e 是与 b 方向相同的单位向量，则

（1）$a \cdot e = e \cdot a = |a|\cos\theta$。

（2）$a \perp b \Leftrightarrow a \cdot b = 0$。

（3）当 a 与 b 同向时，$a \cdot b = |a||b|$；当 a 与 b 反向时，$a \cdot b = -|a||b|$。

特别地，$a \cdot a = |a|^2 = a^2$ 或 $|a| = \sqrt{|a|^2} = \sqrt{a^2}$。

（4）$|a \cdot b| \leqslant |a||b|$（由 $|\cos\theta| \leqslant 1$ 推出）。

练习：判断下列命题是否正确。

1. 若 $a = 0$，则对任意向量 b，有 $a \cdot b = 0$。（　　　）

2. 若 $a \neq 0$，则对任意非零向量 b，有 $a \cdot b \neq 0$。（　　　）

3. 若 $a \neq 0$，且 $a \cdot b = 0$，则 $b = 0$。（　　　）

（三）课堂小结

1. 平面向量的夹角

$\langle a, b \rangle \in [0, \pi]$，同起点

2. 向量的数量积

$a \cdot b = |a||b|\cos\theta$。

3. 投影向量（a 在 b 上的投影向量）

$\overrightarrow{OM_1} = |a|\cos\theta\, e$

（四）课后作业

课本 P20 练习 1，2，3。

五、板书设计

6.2.4 平面向量的数量积

1. 平面向量的夹角

$\langle \boldsymbol{a}, \boldsymbol{b} \rangle \in [0, \pi]$，同起点。

2. 向量的数量积

$\boldsymbol{a} \cdot \boldsymbol{b} = |\boldsymbol{a}||\boldsymbol{b}|\cos\theta$。

3. 投影向量（$\boldsymbol{a}$ 在 $\boldsymbol{b}$ 上的投影向量）

$\overrightarrow{OM_1} = |\boldsymbol{a}|\cos\theta \, \boldsymbol{e}$

4. 向量数量积的性质

结 束 语

　　教学应该是教师和学生共同参与和实践的活动，在这个过程中，教师和学生进行双向互动，彼此反馈与作用，共同完成教育过程。教学不能一味地以教师为核心，要充分发挥学生的主体地位，使教师和学生在教学活动中都能够积极主动地参与。其中，教师在教育活动中的主要作用是引导，这体现在教学的全过程中，教师引导学生解决问题。通过这样一个探索、讨论的过程，学生的分析能力会逐步提高。

　　本书通过笔者的从业经验和对相关文献的参考与分析，提出了在中学阶段实施学科融合教育的相关策略，要想提高课堂教学效率，保证创新、复合型人才的培养，教育工作者需要在日常的教育活动中建立以学生自主活动为基础的课堂环境，通过各种方式激发学生的求知欲，培养学生良好的学习习惯和正确的学习方法。在今后的教育工作中，还需要教育工作者不断积累和总结经验，改善教育方式，以提高学生的学习积极性，增强学习效果，为社会输送符合经济发展需求的复合型人才。